CATALOGUE

D'UNE COLLECTION

D'ESTAMPES ANCIENNES

DE L'ÉCOLE FRANÇAISE DU XVIIIe SIÈCLE

PORTRAITS

ET

ALMANACHS DES ÉPOQUES LOUIS XIV ET LOUIS XV

QUELQUES LIVRES

Dont la *Description de l'Égypte*

ET ENVIRON 25,000 ESTAMPES

QUI SERONT VENDUES PAR LOTS

PREMIÈRE PARTIE

Dont la vente aux enchères publiques aura lieu

HOTEL DES COMMISSAIRES-PRISEURS, RUE DROUOT, N° 9,

SALLE N° 4

Du Mardi 4 au Samedi 8 Mai 1886

A UNE HEURE ET DEMIE PRÉCISE

Les Estampes en lots seront vendues les Vendredi 7 et Samedi 8 Mai, à huit heures du soir.

Par le ministère de M° **PAUL CHEVALLIER**, Commissaire-Priseur, Rue de la Grange-Batelière, 10.

Assisté de **M. JULES BOUILLON**, Marchand d'Estampes de la Bibliothèque Nationale, successeur de CLEMENT, 3, rue des Saints-Pères.

PARIS — 1886

CONDITIONS DE LA VENTE

La vente se fera au comptant.

Les acquéreurs payeront *cinq pour cent* en sus des enchères, applicables aux frais.

M. J. Bouillon, chargé de la vente, se réserve la faculté de rassembler ou de diviser les lots.

ORDRE DES VACATIONS

Mardi	**4**	**Mai**	....	Nos 1 à 266
Mercredi	**5**	»	....	267 à 531
Jeudi	**6**	»	....	532 à 797
Vendredi	**7**	»	....	798 à 1060
»	»		à huit heures du soir partie des Estampes en lots.	
Samedi	**8**	»	....	1061 à la fin.
			à huit heures du soir le restant des Estampes en lots.	

DÉSIGNATION

ESTAMPES

ADRESSES, CARTES DE VISITE, EX-LIBRIS

1 — Almanach du comestible, jolie pièce in-8 où sont représentés des jeunes gens à table. Très belle épreuve.

2 — *Arsandaux*, ménuisier en bâtiment, gravé par J. T. Le Meunnié, 1782. — A la Perle, rue de Gesvres, à Paris, *George*, marchand orfèvre... par Demarteau l'aîné. Deux pièces. Belles épreuves.

3 — M^r^, Mme et Mlle *Berlot* on l'honneur de vous inviter à une soirée de carnaval..... Lithographie attribuée à Gavarni. Très belle épreuve.

4 — *Cabre*. Carte de visite gravée par Gaucher, en 1775. Très belle épreuve.

5 — Carte d'Invitation envoyée par le Directeur de l'Académie de Saint-Luc, 1751, d'après Pineau. In-4. Belle épreuve.

6 — Comedie Française. Deux places à l'Amphithéâtre, ce 17. Billet d'entrée gravé N. Le Mire. Très belle épreuve. Rare.

7 — A la Vache noire. *Coupé*, marchand cremier. In-4 en largeur. Belle épreuve.

ADRESSES, CARTES DE VISITE, EX-LIBRIS

8 — *Chretien de Mechel*, graveur, — *Oblin*, graveur du Roi, — J. F. *Quillau*, libraire, — *Croisey*, ingénieur géographe, etc. Six pièces. Très belles épreuves.

9 — *De Lagardette*, horloger ordinaire de S. A. S. Monseigneur le duc de Chartres. Très belle épreuve.

10 — *Deley*, graveur sur tous métaux..... *Salomon Gessner*. — *Debord*, gendre de feu le sieur Guichard Me ordinaire de la musique du Roi..... — *Nicol*, graveur. Quatre pièces. Très belles épreuves.

11 — *François Albert* l'aîné, aubergiste au Coq-d'Or, dans la Weinstrassen, à Munic. — J. F. *Quillau*, libraire, gravé par Aug. de Saint-Aubin. — Au compas des Genies. *Meurant*, ingénieur. — *Mounu*, maître perruquier. Quatre pièces. Très belles épreuves.

12 — *Remy*, marchand, rue Saint-Honoré.... tient magasin de draps, etc. Gravé par P. P. Choffard, 1776. Très belle épreuve.

13 — Madame la comtesse de *Rennepont*; carte de visite gravée par Gaucher. Très belle épreuve.

14 — Modèle de lettre de faire part, avec vignette, au dix-huitième siècle, par Demaison. — Lettre d'invitation de l'Académie de Saint-Luc, gravé par Babel. Deux pièces. Très belles épreuves.

15 — Cartes de visites et cartes d'entrées, adresses, etc. Sept pièces.

16 — Ex-libris, titres, etc. Vingt-trois pièces. Très belles épreuves.

ALDEGRAVER, DURER, ETC.

17 — La Nativité, sujets de l'Histoire de Joseph, — Adam et Ève, — La Famille du satyre, etc. Huit pièces, originaux et copies.

ALIX (P.-M.)

18 — *Boileau-Despreaux* (Nicolas). In-fol. en couleur. Deux très belles épreuves, dont une avant toutes lettres.

19 — *Bonaparte*, Ier Consul, d'après Appiani. In-fol. en couleur. Belle épreuve.

20 — *Dubus de Preville* (P. L.). In fol. en couleur. Très belle épreuve. Marge.

21 — *Fenelon*, d'après Vivien. In-fol. Superbe épreuve avant toutes lettres, plus une épreuve avec la lettre. Deux pièces.

22 — *La Fontaine* (J. de). d'après Rigaud, — *La Bruyère* (J. de), — *Mably*, — *Diderot*, — Descartes, — *Helvetius*. Six portraits in-fol. en couleur. Très belles épreuves.

23 — *Marat* et Charlotte *Corday*. Deux portraits in-fol. en couleur. Belles épreuves.

24 — *Michu*, du théâtre de l'Opéra-Comique. In-fol. en couleur. Très belle épreuve.

25 — *Molière* (J. B. Poquelin de). Deux portraits in-fol. en couleur, d'après Garneray et Mignard. Très belles épreuves.

26 — *Montaigne*, d'après Dumonstier. In-fol. en couleur.

27 — *Rousseau* (J. J.), d'après Garneray, — *Linné* (Charles), d'après Roslin, — *Fontenelle*, d'après Garneray. Trois portraits in-fol. en couleur. Très belles épreuves.

28 — *Saint Aubin* (Mme), d'après Garneray, In-fol. en couleur. Très belle épreuve. — Le même personnage, gravé par Debucourt. In-4. Épreuve avant la lettre.

29 — *Voltaire* (F. M. Arouet de). In-fol. en couleur, d'après Garneray. Très belle épreuve.

ALIX ET JANINET

30 — *D'Alembert*, — *Bailly*, d'après Garneray, — *Crillon*, d'après Le Barbier. Trois portrais in-fol. en couleur. Belles épreuves.

ALIX ET MORET

31 — *Raynal* (G. Th.), d'après Garneray, — Napoléon Ier, Empereur. Deux portraits in-fol. en couleur. Très belles épreuves.

ALMANACHS (ÉPOQUE LOUIS XIV)

32 — **1664**. La France pacifique et triomphante dans la respectueuse demission que le Duc de Lorraine fait de la ville de Marsal, entre les mains du Roy Louis 14, en presence des princes et seigneurs de la cour et à la veue de la plus florissante armée qui ait marché depuis longtemps. Bonne épreuve en mauvais état.

33 — **1669**. Les Illustres Estresnes, presentees à leurs Majestes par la Paix regnante entre la France et l'Espagne, par la Mediation de sa Sainteté. A Paris, chez Jean Sauvé. Très belle épreuve.

34 — **1671**. L'Auguste sceance de leurs Majestez en France ou estant accompagnez de Monseigneur le Dauphin et de toute la cour, Brillante en Or et Pierrerie, ont receus les Compliments de la part du Roy d'Espagne par la bouche de Dom Francesco de Velasco et des Estats generaux par le Baron de Dopdam, et ceux du Connestable de Castille, par le comte de Salcede, gouverneur de Cambray. . . . . A Paris chez Pierre Bertrand. Très belle épreuve.

35 — **1675**. La Victorieuse Campagne de Louis le Grand et les hommages rendus a sa majesté, par le comte de Staremberg et les députez de la ville de Dole, en Franche Comté, réduites à son obeissance le 7 juin 1674. A Paris, chez N. Bonnart. Très belle épreuve.

36 — **1674**. — Le Siége et la prise du chateau de Limbourg par l'armée du Roi, le 11 juin 1675. Gravé par Noblin. A Paris, chez N. Langlois. Très belle épreuve.

37 — **1676**. Le present Auguste fait à sa Majesté par la France triomphante de Monseigneur le Prince de Condé pour estre l'heureux appuy de son Estat secondé de Mars et de la prudence. A Paris, chez Pierre Giffart. Très belle épreuve.

ALMANACHS (ÉPOQUE LOUIS XIV)

38 — **1678**. Glorieuse Bataille donnée près Mont-Cassel, à trois lieues de Saint-Omer, remportée par l'armée du Roi, commandée par Monseigneur le Duc d'Orléans, sur les troupes espagnoles, impériales et hollandaises, commandées par Monsieur le Prince d'Orange, le 11 Avril 1677. A Paris, chez J. Montcornet. Très belle épreuve.

39. — **1681**. Les Conquêtes de Louis le Grand, les magnifiques réceptions qu'on lui a faites et son entrée dans la ville d'Ypres. A Paris, rue Saint-Jacques, à l'image Saint Maur. Très belle épreuve.

40 — **1681**. Le voyage du Roi en Flandre, l'année 1680, et la réception faite à Sa Majesté à Lille et autres villes des pays conquis. A Paris, chez N. Langlois. Très belle épreuve.

41 — **1682**. Réduction de la ville de Strasbourg à l'obéissance de son souverain Louis le Grand et l'entrée des troupes de Sa Majesté dans ladite ville, conduite par M. le Marquis de Louvois, le 30 septembre 1681. A Paris, chez J. Montcornet. Très belle épreuve.

42 — **1684**. La Reine élevée au ciel par les vertus. A Paris, chez Pierre Landry. Très belle épreuve.

43 — **1686**. Les advantages remportez sur les Turcs par l'armée chrestienne, dans la prise de Nehausel, le secours de Strigonie et la défaite générale de ces infidèles les 16 et 19 Août 1689. Très belle épreuve.

44 — **1686**. Les Respectz et soumissions de la République de Gênes rendus par son sérénissime doge, accompagné des quatre principaux sénateurs. . . . . sur les sujets de mécontentement qui ont esté donnés à très haut, très puissant monarque Louis le Grand. . . . . qui les a reçus fort agréablement à sa Royale audience, le 15 Mars 1685... A Paris, chez la veuve Bertrand. Belle épreuve.

ALMANACHS (ÉPOQUE LOUIS XIV)

45 — **1687**. La Royalle et magnifique audience donnée par le très puissant et très Auguste Monarque Louis le Grand, Roy de France et de Navarre, avec très illustres Ambassadeurs du magnifique Roy de France. . . . ., le 1er jour de septembre 1686, gravé par De Larmessin. Très belle épreuve.

46 — **1687**. Les Années glorieuses de Louis le Grand. A Paris, chez G. Jollain. Belle épreuve.

47 — **1688**. La sanglante défaite des Turcs par l'armée Impériale, commandée par leurs altesses de Lorraine et de Bavière, près de la ville de Siclos, au-dessous de la montagne d'Arsca, le 12 Août 1687, gravé par Erlinger. A Paris, chez S. Landry. Belle épreuve.

48 — **1697**. Bureau d'adresse pour les curieux, où ils trouveront les principaux événements de l'année 1696, et les heureux présages pour l'année présente 1697. A Paris, chez P. Landry. Très belle épreuve.

49 — **1699**. Le Camp de Coudun, près de Compiègne, où l'art de la guerre enseigné par le Roi à messeigneurs les princes enfants de France, au mois de septembre 1698. A Paris, chez N. Langlois. Très belle épreuve.

50 — **1701**. Le Roi accepte le testament du feu roi Catholique Charles II, et déclare monseigneur le duc d'Anjou roi d'Espagne sous le nom de Philippe V, à Versailles, le 16 novembre 1700. A Paris, chez N. Langlois et Trouvain. Très belle épreuve.

51 — **1705**. L'Auguste ceremonie ou l'ondoyement fait à Monseigneur le Duc de Bretagne, le jour de sa naissance à Versailles, le 22 juin 1704, gravé par De Larmessin. Très belle épreuve.

52 — **1705**. L'heureuse naissance de Monseigneur le duc de Bretagne, arrière-petit-fils de Louis le Grand, né à Versailles le 25 juin 1704. A Paris, chez N. Langlois. Très belle épreuve

ALMANACHS (ÉPOQUE LOUIS XIV)

53 — **1709.** La vertu, le mérite et la valeur récompensées, ou, les dignités Ecclésiastiques, d'Etat et Militaires distribuez par sa Majesté l'an 1708. A Paris, chez F. Gérard Jollain. Très belle épreuve.

54 — **1710.** Cerès affligée de voir la terre stérile, par de Rochefort, d'après Gillot.

ALMANACHS (ÉPOQUE LOUIS XV)

55 — **1719.** Trève de vingt-quatre ans entre l'Empereur, les Vénitiens et grand seigneur, signée à Passarowitz le 21 juillet 1718, par les Ambassadeurs impériaux, venitiens et turcs et par les Ambassadeurs médiateurs d'Angleterre et de Hollande, avec le traité de commerce entre ces puissances. A Paris, chez F. et G. Landry. Très belle épreuve.

56 — **1745.** Prise de la ville de Nice par les armées françaises et espagnoles, commandée par le prince Don Philippe et le grand Conti. A Paris, chez Crepy. Belle épreuve.

57 — La Paix triomphante, sans calendrier ni date. Bonne épreuve.

ANONYMES

58 — L'Assemblée des notables. En bas, est imprimée la lettre de convocation écrite par le roi aux divers membres. Très belle épreuve. Rare.

59 — Le Cabaret de Ramponnaux, en bas son portrait. Bonne épreuve.

60 — Carte générale de la monarchie, et du militaire de France, ancien et moderne. Grande pièce, frontispice avec les portraits de Henri IV, Louis XIV, Louis XV et Marie Leczinska. Belle épreuve.

61 — Cérémonies observées à la réception de francs-maçons, maîtres, apprentis et compagnons. Treize pièces. Très belles épreuves, avec marges.

ANONYMES

62 — Artois (Charles-Philippe de France, comte d'), in-fol. en pied. Très belle épreuve, marge.

ARDELL (J.-M.)

63 — *Lennox* (Lady George), d'après Ramsay, in-fol. en manière noire. Belle épreuve.

64 — *Leviez*, in-fol. en manière noire. Superbe épreuve avant la lettre.

AUBERT (J.) ET CARMONA

65 — Gillot (Claude), d'après lui-même, — *Collin de Vermont* (Hyacinthe), d'après Roslin. Deux portraits in-fol. Très belles épreuves, marges.

AUBERT, DUFLOS, DUPIN, ETC.

66 — *Marie-Josephe de Saxe*, dauphine de France. Sept portraits différents, in-8 et in-4. Belles épreuves.

AUDOUIN (P.)

67 — *Mirabeau*, d'après M., in-fol. Belle épreuve.

AUDRAN (B.)

68 — *Berulle* (le cardinal de), buste fort comme nature, d'après de la Monce. Belle épreuve.

69 — Frère *Blaise*, feuillant, in-fol. en pied d'après de Troy. Belle épreuve.

AUDRAN (B.) ET DOSSIER

70 — *Colbert* (J.-B.), d'après Lefebvre, — *Colbert* (J.-B.), marquis de Torcy, d'après Rigaud. Deux portraits in-fol. Belles épreuves.

AUDRAN, LÉPICIÉ ET MOITTE

71 — *Secousse* (Robert), d'après Rigaud, — *Orry* (messire Philibert), d'après Rigaud, — *Hénault* (Ch.-J.-Fr.), d'après Saint-Aubin. Trois portraits in-fol. Très belles épreuves.

BALECHOU (J.-J.)

72 — Louis, dauphin de France, in-fol. Très belle épreuve avant toutes lettres.

BALLONS

73 — Sous ce numéro, il sera vendu cent cinquante-deux estampes sur les expériences aérostatiques faites en France, de 1783 à 1815. Ce lot pourra être divisé.

BARON (B.)

74 — *Guillaume III*, roi d'Angleterre, d'après Kneller, in-fol. équestre. Belle épreuve.

BARTOLOZZI (F.)

75 — *Nivernais* (Marie-Thérèse de), in-4 en couleur. Très belle épreuve.

BASAN ET GAILLARD

76 — Vanloo (Carle). — *Bertin* (H.-L. Jean-Baptiste), d'après Roslin. Deux portraits in-fol. Belles épreuves.

BASIRE (J.)

77 — The encampment of English forces near Portsmouth, together with a view of the english and french fleets at the commencement of the action between them on the XIXth of July, 1545. Très grande pièce en largeur. Belle épreuve.

BASSET (Chez)

78 — Mariage de Monseigneur Louis-Stanislas-Xavier, comte de Provence, avec Marie-Josèphe-Louise de Savoye..., célébré le 14 mai 1771 dans la chapelle du Roi. Belle épreuve.

BAUDOUIN (Le comte DE)

79 — *Biron* (L.-A. de Gontaut, duc de), colonel du régiment des gardes françaises, in-fol. Belle épreuve, marge.

BAUDOUIN (d'après P.-A.)

80 — Le Carquois épuisé, par N. de Launay (E.-B. 11). Superbe épreuve.

81 — Le Catéchisme, — Le Confessionnal. Deux pièces faisant pendants, gravées par P.-E. Moitte (E. B. 12 et 15). Superbes et très rares épreuves avant toutes lettres, grandes marges.

82 — Le Couché de la mariée, gravé à l'eau-forte par J.-M. Moreau et terminé au burin par J.-B. Simonet (E. B., 16). Superbe et très rare épreuve avant toutes lettres, avec les armes, marge.

83 — La même estampe. Très belle épreuve.

84 — Le Fruit de l'amour secret, par Voyez junior (23). Très belle épreuve.

85 — Le Jardinier galant, par Helman (E. B., 25). Très belle épreuve.

86 — La Soirée des Tuileries, par Simonet (47). Belle épreuve.

BAUSE (J.F.)

87 — *Christine,* reine de Bohême, d'après Graff, in-fol. Très belle épreuve, marge.

BAZIN (N.)

88 — *Helyot,* conseiller en la cour des Aydes, in-fol., plus le même personnage in-4, par Jollain. Deux pièces.

89 — *Orléans* (Philippe d'), in-fol. équestre. Belle épreuve.

BAZIN ET HABERT

90 — Louis XIV, in-fol. équestre. Deux portraits différents. Belles épreuves.

BEAUVARLET

91 — Les Adieux de Catin, — Le Testament de la Tulipe. Deux pièces faisant pendants, d'après Lenfant. Belles épreuves.

BEAUVARLET

92 — Bourgogne (Louis-Joseph-Xavier, duc de), frère aîné de Louis XVI, in-8, d'après Frédou. Très belle épreuve avant la lettre.

93 — *Molière* (J.-B. Poquelin de), d'après S. Bourdon, in-fol. Très belle épreuve.

BEAUVARLET, CARS ET DEMBRUN

94 — *Montpipeau* (du Clusel, marquis de), d'après Roslin, — *Bourdon* (Sébastien), d'après Rigaud, — *Duras* (E.-F. de Durfort de Duras, duc de), d'après Queverdo. Trois portraits in-fol. Belles épreuves.

BELLA (Stephanus della)

95 — Entrée à Rome de Son Excellence l'ambassadeur de Pologne l'année 1633. Suite de six pièces. Très belles épreuves.

96 — Festin magnifique du Palais du Grand-Duc, à Florence, 1672. Belle épreuve.

BERGHE (Van den)

97 — Entrée de Napoléon le Grand et son Auguste Epouse dans la ville d'Anvers le 18 juillet l'an 1803. Belle épreuve.

BERTAUX (d'après)

98 — Le Charlatan français, — Le Charlatan allemand. Deux pièces gravées par Helman. Belles épreuves.

99 — Le Charlatan allemand, par Helman. Très belle épreuve avant la dédicace.

BERTHAULT

100 — Vue perspective de la place Louis XV et du pont de Louis XVI. Très belle épreuve.

BERVIC (Cl.)

101 — *Vergennes* (Charles Gravier, comte de), in-fol. Très belle épreuve. Marges.

BINET (d'après)

102 — Collection de vignettes pour les Œuvres de Retif de la Bretonne. Deux cent soixante-quatorze pièces, dont beaucoup avant la lettre.

BONNART ET TROUVAIN

103 — Portraits en pied du roi Louis XIV, des princes et princesses de la famille royale, généraux et maréchaux de France. Trente et une pièces. Très belles épreuves.

104 — Empereurs et Impératrices de l'empire romain. — Empereurs et Impératrices d'Orient. Quarante pièces. Très belles épreuves.

BONNET (L.)

105 — *Louis XV*, d'après Vanloo. In-8. Belle épreuve.

BOSIO (D.)

106 — Bal de l'Opéra, en couleur. Très belle épreuve. Marge.

BOSSE (Abraham)

107 — L'Enfant prodigue. Suite de six pièces. (G. D., 34-39.) Superbes épreuves avec l'adresse de Le Blond.

108 — La Parabole du mauvais riche et Lazare. Suite de trois pièces. (G. D,, 40-42.) Très belles épreuves avec l'adresse de Le Blond.

109 — Les Vierges sages et les Vierges folles. Suite de sept pièces. (G. D., 43-49.) Très belles épreuves. Six sont avec l'adresse de Le Blond.

110 — Les Œuvres de miséricorde. Suite de sept pièces (50-56). Belles épreuves.

111 — Les Vertus théologales et cardinales. Suite de neuf pièces, dont nous n'avons que sept. (G. D., 176-184.) — La Foi (224). — Pallas. — Vénus et l'Amour. Deux sujets de forme ronde. Dix pièces.

BOSSE (Abraham)

112 — La Déroute et Confusion des Jansénistes. (G. D., 219.) Belle épreuve.

113 — Le Jugement de Pâris. Pièce en forme d'éventail (1044). Superbe épreuve. Très rare.

114 — La Naissance, les Amours et la mort d'Adonis. Pièce en forme d'éventail (1045). Superbe épreuve. Très rare.

115 — Les quatre Ages. Estampe en forme d'éventail (1046). Superbe épreuve. Très rare.

116 — Les quatre Ages, représentés sur une planche en forme d'écran. (G. D., 1047.) Très belle épreuve. Rare.

117 — Enseignes de Marchands (1068-1069). Deux pièces.

118 — Les Sens. Suite de cinq pièces. (G. D., 1071-1073.) Très belles épreuves, avec l'adresse de Mel^or^ Tavernier.

119 — Les Saisons. Suite de quatre pièces (1082-1085). Très belles épreuves, avec l'adresse de Le Blond.

120 — Les quatre Ages de l'homme. Suite de quatre pièces (1082-1085). Très belles épreuves, avec l'adresse de Le Blond.

121 — Les Éléments. Suite de quatre pièces (1090-1093). Très belles épreuves.

122 — L'Air. — La Terre (1094-1095). Deux pièces. Très belles épreuves.

123 — Suite de treize estampes pour : *La Pucelle ou la France délivrée*, poème héroïque, par M. Chapelain. Paris, Augustin Courbé, 1656 (1148). Très belles épreuves.

124 — Le Prévôt des marchands, suivi des échevins de la ville de Paris, vient complimenter le roi Louis XIII, sur la prise de la Rochelle (1187). Très belle épreuve.

BOSSE (Abraham)

125 — Quatre estampes relatives à la naissance du Dauphin, fils de Louis XIII (1203-1206). Pièces très rares, imprimées sur deux feuilles. Belles épreuves.

126 — Les Noms, Surnoms, Qualitez, Armes et Blasons des chevaliers et officiers de l'ordre du Saint-Esprit. Suite de quatre pièces. (G. D., 1207-1210). Très belles épreuves, avec l'adresse de Melchior Tavernier.

127 — Le Siège de la Motte, par le maréchal de la Force (1220). Très belle épreuve.

128 — Gaston, frère unique du roi, à cheval, suivi de trois seigneurs, arrive à la Capelle (1221). Très belle épreuve. Rare.

128 *bis* — Cérémonie observée au contrat de mariage passé à Fontainebleau, en présence de Leurs Majestés, entre Uladislas IV, roi de Pologne, et Louise-Marie de Gonzague, princesse de Mantoue et de Nevers, le 25 septembre 1645 (1223). Très belle épreuve.

129 — Les Vœux du roy et de la reyne à la Vierge (G. D., 1225). Très belle épreuve.

130 — La Joye de la France. (G. D., 1226.) Très belle épreuve.

131 — La Fortune de la France (1227). Très belle épreuve, avec l'adresse de Le Blond.

132 — Les Forces de la France (1228). Très belle épreuve.

133 — La Justice, la Force, la Prudence et la Tempérance personnifiées, imprimées sur la même feuille dans des cartouches octogones (1231). Très belle épreuve. Rare.

134 — Louis XIII à genoux devant un autel (1240). Très belle épreuve.

135 — L'Infirmerie de l'hôpital de la Charité de Paris (1266). Très belle épreuve.

136 — La Galerie du Palais (1267). Superbe épreuve.

137 — L'Hôtel de Bourgogne (1268). Très belle épreuve, avec l'adresse de Le Blond.

BOSSE (Abraham)

138 — La Noblesse française à l'église. Suite de treize pièces dont nous n'avons que six (1319-1331). Très belles épreuves.

139 — Les Gardes françaises. Suite de neuf pièces dont nous n'avons que sept (1332-1340). Belles épreuves.

140 — Le Courtisan suivant le dernier édit (1353). Très belle épreuve. Rare.

141 — Un Laquais debout serre dans une malle les vêtements de son maître (1354). Très belle épreuve.

142 — La Dame réformée (1357). Trés belle épreuve.

143 — Un jeune Seigneur assis joue du luth et chante (1362). — Une Dame, assise près d'une table, tient un livre à la main et paraît chanter (1363). — Une Femme assise travaille à une tapisserie (1371). — Un Berger tient une houlette de la main gauche (1366). Quatre pièces. Très belles épreuves. Rares.

144 — Une Fille dansant sur un chemin et ayant à ses côtés une quenouille (1372). — Une Femme vêtue de noir est à genoux sur une chaise... (1373). Deux pièces. Très belles épreuves.

145 — Le Mariage à la ville. Suite de six pièces (1374-1379). Très belles épreuves, avec les adresses de Le Blond et Tavernier.

146 — Le Mariage à la campagne, suite de trois pièces (1380-1382). Très belles épreuves.

147 — Le Mari qui bat sa femme. — La Femme qui bat son mari. Deux pièces (1383-1384). Très belles épreuves avec l'adresse de Le Blond.

148 — Le Peintre. — Le Graveur. — Le Sculpteur et l'Imprimeur. Suite de quatre pièces (1385-1388). Très belles épreuves.

BOSSE (Abraham)

149 — Le Maistre d'école. — La Maistresse d'école. Deux pièces (1389-1390). Belles épreuves.

150 — Les Métiers. Suite de sept pièces (1391-1397). Très belles épreuves, avec les adresses de Le Blond et Melchior Tavernier.

151 — La Bénédiction de la table (1398). Très belle épreuve.

152 — Les femmes à table en l'absence de leurs maris (1399). Très belle épreuve avec l'adresse de le Blond.

153 — Le Bal (1400). Très belle épreuve.

154 — *Lettre du capitaine extravagant à sa maîtresse et réponse* (1402-1403). Deux pièces très rares, mais avec l'inscription coupée.

155 — Le Français et son Laquais (1406). Très belle épreuve. Rare.

156 — L'Homme fourré de malice (1411). Très belle épreuve.

157 — L'Espagnol et son laquais (1405). Très belle épreuve.

158 — Un Français debout, l'épée à la main (1407). Très belle épreuve.

159 — Un Homme *en costume espagnol* est vu en pied (1408). Très belle épreuve.

BOSSE (d'après A.)

160 — La Femme de chambre, gravé par Gr. Huret. Très belle épreuve.

161 — Un Homme debout montre du doigt une colonne qui se trouve à sa droite. — *Je suis l'épouvantail des braves de la terre.* Deux pièces gravées par Rousselet. Belles épreuves.

162 — Copies d'estampes d'Abraham Bosse, publiées en Hollande. Cinq pièces. Belles épreuves.

BOUCHER (d'après F.)

163 — Les Charmes de la vie champêtre, par J. Daullé, — Les Villageois à la pêche, par Gaillard. Deux pièces. Belles épreuves.

BOUILLÉ (Marquis DE)

164 — Ne soyez pas surpris, d'après Colson, in-fol. en manière noire. Belle épreuve.

BOULANGER

165 — *Arnauld* (la mère Marie-Angélique), dernière abbesse de Port-Royal, in-4. Belle épreuve.

166 — *Haynin* (Fr.-Isidore de), — *Clermont-Tonnerre* (François de), évêque et comte de Noyon, d'après Champagne. Deux portraits, in-fol. Belles épreuves.

BOULANGER, PICART, ETC.

167 — Le Bek de l'Espagnol pris par le Français, — L'Espagnol chastré de Graveline et de Dunkerke, — L'Espagnol lassé de la guerre cherche la paix, — L'Orgueil d'Espagne réduit à l'extrémité par la perte de la bataille de Lens, — Entrée triomphante de Guillaume à Londres aux acclamations des Apprentis. Cinq pièces. Très belles épreuves.

BOYNE (d'après R.)

168 — Comic Readings, par Knigt. Belle épreuve.

BRISSART (P.)

169 — Cérémonie du mariage de Charles II, roi d'Espagne, avec Marie-Louise d'Orléans, fait à Fontainebleau....., le 31 d'aoust, l'an 1679. Très belle épreuve. Rare.

BROOKSHAW

170 — Marie-Joséphine-Louise de *Savoye*, Madame, in-fol. en manière noire, d'après Drouais. Très belle épreuve.

BRUGGEN (J. VANDER)

171 — *Granville* (Nicolas Barbo, seigneur de), — *Cimay* (Mme de). Deux portraits, in-fol., d'après Largillière. Belles épreuves.

CALLOT (J.)

172 — La grande thèse dite énigmatique ou symbolique (E. M. 615). Belle épreuve.

173 — Les Balli di Sfessania. Suite de vingt-quatre pièces (M. 641-664). Très belles épreuves du premier état, avant les numéros.

174 — Les grandes misères de la guerre, — La Tour de Nesles, — La grande chasse. Vingt pièces.

CARDON (ANT.)

175 — Bonaparte accompagné du général Berthier à la bataille de Marengo, au moment de la victoire, grand in-fol. en couleur, d'après Boze. Très belle épreuve.

CARICATURES

176 — Ouragan arrivé près du moulin Jeanséniste, le 15 juillet 1772, — Les funestes effets de la coquetterie. Deux pièces. Belles épreuves.

177 — Le Bon genre. Quarante pièces coloriées. Très belles épreuves.

178 — La Réunion politique, ou la lecture du journal, — Le Délassements des politiques, — Les Musards de la rue du Coq. Trois pièces coloriées.

179 — Le Premier pas d'un jeune officier Cosaque au Palais Royal, — Les Russes à Paris, — L'Entrée d'une partie des alliés à Paris, — Départ pour la Russie, — Les Cosaques en bonne fortune. Cinq pièces.

180 — Les Bienfaits de la petite vérole, — Les Malheurs de la vaccine. Deux pièces publiées chez Depeuille. Belles épreuves.

CARICATURES

181 — Un Album renfermant cent douze pièces par Henri Monnier, Pigal, E. Lami, vignettes, costumes, caricatures parisiennes, etc., in-fol., demi-rel., mar. vert.

182 — Un Album contenant cent quatre-vingt-quatre pièces par E. Lami, Gavarni, Henry Monnier, caricatures parisiennes, modes du jour, Musée grotesque, lithographies par Raffet, costumes, etc., 1 vol. in-fol., demi-rel., mar. vert.

183 — Un Album renfermant deux cent trente-quatre pièces par E. Lami, H. Monnier, Raffet, Charlet, C. Vernet, Grandville, Gillot, costumes des dix-septième et dix-huitième siècles, in-fol., demi-rel., mar. rouge.

CARMONA (Dr M. Salvador)

184 — *Alcaron y Valdes* (La excma Sra Doña Isabel Parreno, Aros, Ruiz de), in-fol. en pied. Belle épreuve.

CARMONTELLE (d'après L.-C. de)

185 — Pas de deux tiré du second acte de l'opéra de Silvie, exécuté par M. Dauberval et Mlle Allard, gravé par J.-B. Tilliard. Deux épreuves avec différences dans le texte.

186 — Bachaumont (L. Petit de), par Houel, in-fol. Belle épreuve.

CARRÉE

187 — Vue perspective de la fontaine des Innocents, en couleur. Très belle épreuve, marge.

CARS, COCHIN, SURUGUE et CHÉREAU

188 — *Sarazin* (Jacques), — *Anguier* (Michel), — *Fremin* (René), — *Delaunay* (Nicolas). Quatre portraits in-fol. Belles épreuves.

CATHELIN (L.-J.)

189 — *Artois* (Marie-Thérèse, comtesse d'), d'après Drouais, in-fol. Très belle éqreuve.

190 — *Condé* (Louis-Joseph de Bourbon, prince de), d'après Le Noir, in-fol., superbe épreuve avant toutes lettres.

191 — Le même portrait. Quatre très belles épreuves d'états différents.

192 — *Franklin* (Benjamin), d'après Mme Filleul, in-fol. Très belle épreuve.

193 — *Joseph II*, empereur, infol. [Superbe épreuve avant la lettre, marge.

194 — Louis XV, en pied et manteau royal, d'après Vanloo. Très belle épreuve, marge.

195 — *Marie-Thérèse*, reine de Hongrie et de Bohême, d'après Ducreux, in-fol. Superbe épreuve avant toutes lettres, plus une épreuve avec la lettre. Deux pièces.

CATHELIN ET DUPIN

196 — *Artois* (Charles-Philipe, comte d'). Deux portraits, in-fol., d'après Drouais et Fredou. Belles épreuves.

197 — Marie-Jeanne-Louise de *Savoye*, Madame. Deux portraits différents, in-fol., d'après Drouais. Très belles épreuves.

CATHELIN, DAMBRUN, HOUSMANN ET VOYEZ

198 — *Piémont* (Marie-Adelaïde-Clotilde-Xavière de France, princesse de). Cinq portraits différents, in-8 et in-fol. Très belles épreuves.

CATHELIN ET DUPONCHEL

199 — Louis-Stanislas-Xavier de France, Monsieur, frère du roi. Deux portraits différents, in-fol., d'après Vanloo et Drouais. Très belles épreuves.

CATHELIN ET SAINT-AUBIN

200 — *Jeliote* (Pierre). Deux portraits, in-8 et in-fol., d'après Tocqué et Cochin. Belles épreuves.

CATHELIN ET STAGNON

201 — *Savoie* (Victor-Amédée-Marie de). Deux portraits différents, in-fol. Belles épreuves.

CATHELIN, DE LARMESSIN ET WILLE

202 — Louis XV, roi de France. Portrait équestre d'après Perrocel. Trois estampes différentes d'après le même tableau. Très belles épreuves.

CHARDIN (d'après)

203 — La Bonne éducation, par Le Bas (E. B. 7). Superbe épreuve avant la lettre et les armes. Rare.

204 — La Mère laborieure, par Lépicié. Belle épreuve.

205 — Le Négligé ou Toilette du matin (E. B. 38, B.). Très belle épreuve, marge.

206 — La Pourvoyense, par Lépicié (45). Très belle épreuve.

207 — La Serinette, par L. Cars (E. H. 47). Belle épreuve.

208 — La Blanchisseuse, — Dame prenant son thé, — le Bénédicité, — la Gouvernante. Quatre pièces gravées par Cochin, Fillœul et Lépicié. Belles épreuves.

CHATAIGNIER

209 — *Bonaparte*, premier consul, à cheval, in-fol. en couleur. Belle épreuve.

CHENU (P.)

210 — Les Vœux de la France et de l'Empire, médaillons allégoriques pour le mariage de Monseigneur le Dauphin. Huit pièces. Très belles épreuves.

CHÉREAU (F.)

211 — *Detleu a Dehn* (C.), d'après Rigaud, — *Lorraine* (le prince Fr.-Armand de), évêque de Bayeux, d'après R. Tournières. Deux portraits in-fol. Belles épreuves.

212 — *Renaudot* (Eusebius), d'après Ranc, — Rousseau (Claude-Bernard). Deux portraits in-fol. Très belles épreuves.

CHÉREAU (F.), AUDRAN ET CATHELIN

213 — *Polignac* (le cardinal de), d'après Rigaud, — *Bignon* (J.-P.), d'après Vivien, — *Tocqué* (L.), d'après Nattier. Trois portraits in-fol. Belles épreuves.

CHÉREAU (F.) ET N. TARDIEU

214 — *Gondrin* (Louis-Antoine de Pardaillon de), duc d'Antin). Deux portraits différents, d'après le même tableau de Rigaud, in-fol. Très belles épreuves.

CHÉREAU (JACQUES)

215 — *Colbert* (Charles-Joachim), évêque de Montpellier, d'après Jean Raoux, in-fol. Très belle épreuve avant la lettre.

216 — *Sévigné* (Marie de Rabutin Chantal, marquise de), in-8. Belle épreuve.

CHEVILLARD (J.)

217 — Les noms, qualitez, armes et blazons de tous les chevaliers, commandeurs et officiers de l'ordre du Saint-Esprit, créez par les roys Henri III, Henri IV, Louis XIII et Louis XIV. Cinq feuilles coloriées

218 — Les noms, qualitez, armes et blasons de Nosseigneurs les grands amiraux et generaux des Galères de France, depuis le règne du roy saint Louis jusques à présent. Grande feuille coloriée.

CHEVILLARD (J.)

219 — Sacre de Louis XV, roy de France et de Navarre, fait en l'église de Notre-Dame de Reims, le 25 octobre 1722. Les noms, qualitez et armes de Nosseigneurs les princes, des ducs ecclésiastiques, des grands officiers de la couronne, et autres qui ont fait des fonctions à cette cérémonie. Pièce in-fol. Très rare.

CHEVILLET

220 — *Chartres* (Louis-Philippe d'Orléans, duc de), in-fol. Très belle épreuve, marge.

221 — *Joseph II*, empereur d'Autriche, in-fol. Superbe épreuve avant toutes lettres.

222 — Le même personnage, gravé par Hubert, d'après Mollard, in-fol. Très belle épreuve.

223 — *Washington* (S.-E. George), général en chef des armées des États-Unis d'Amérique, in-fol. Superbe épreuve avant la lettre, marge.

CHEVILLET ET CARS

224 — *Chardin* (J.-B.-S.). Deux portraits in-4 et in-fol., d'après Cochin et Chardin. Très belles épreuves.

CHEVILLET, CHOFFART ET HUBERT

225 — *Chartres* (Louis-Philippe d'Orléans, duc de). Portraits et pièces historiques. Quatre pièces. Très belles épreuves.

CHEVILLET, HUBERT, BAQUOY, PRÉVOST ET DELVAUX

226 — *Miromenil* (Armand-Thomas-Hue, chevalier, marquis de), ancien président du Parlement de Normandie, garde des sceaux de France le 24 août 1774. Dix portraits différents, in-fol. et in-8. Très belles épreuves.

CHODOWIECKI (D.)

227 — Mariage de Son Altesse Sérénissime Monseigneur Guillaume V, prince d'Orange... avec S. A. R. Madame Frédérique-Sophie Wilhelmine, princesse de Prusse, in-fol. Très belle épreuve.

CHOFFARD (P.-P.)

228 — Groupe de fleurs, d'après Bachelier. Sept pièces.

229 — Fleurons pour les *Contes de La Fontaine*. 41 pièces. Épreuves hors textes.

CLEMENS (J.-F.)

230 — *Blome* (le baron de), d'après Roslin, in-fol. Très belle épreuve avant la lettre, marge.

COCHIN (C.-N.)

231 — Estampes historiques faisant partie de l'Histoire de Louis XV par médailles, gravées par Cochin ou sous sa direction, en 1753. Neuf pièces. Superbes épreuves avant la lettre, grandes marges.

232 — Cérémonie du mariage de Louis, dauphin de France, avec Marie Thérèse, infante d'Espagne, dans la chapelle du château de Versailles, le XXIII février 1745, — Décoration du bal paré donné par le roy, pour la même fête, — Décoration de la salle de spectacle, pour la même fête. Trois pièces. Très belles épreuves.

233 — Pompe funèbre de Marie-Thérèse d'Espagne, dauphine de France, en l'église de Notre-Dame de Paris, le 24 novembre 1746. Superbe et très rare épreuve avant toutes lettres.

234 — La même estampe. Belle épreuve.

COCHIN (d'après C.-N.)

235 — Concours pour le prix de l'étude des têtes et de l'expression, gravé par J.-J. Flippart. Très belle épreuve, marge.

COCHIN (d'après C.-N.)

236 — Inauguration de la statue de Louis XV. Superbe épreuve avant la lettre, grande marge.

237 — Louis XVI, — Marie-Antoinette, entourés de figures allégoriques. Deux pièces médaillons ovales, gravées par de Longueil. Très belles épreuves.

238 — Louis XVI au milieu des figures allégoriques, par de Lorgueil. Très rare épreuve à l'état d'eau-forte, marge.

239 — Le Paysan de Gandelu (l'abbé Pommyer), in-4, à la sanguine. Très belle épreuve.

240 — *Buchelay* (M.-J. Savalette de), — *Brunet de Neuilly* (J.-F.-A.), — *Boutin* (S.-O.). Trois portraits in-4, gravés par Saint-Aubin et Watelet. Belles épreuves.

241 — *Caradeuc de la Chalotais* (L.-R. de), par Baron et Moitte. Deux portraits différents in-4 et in-fol. Celui gravé par Moitte est double, avant et avec la lettre. Trois pièces.

242 — *Clicot de Clerval*, inspecteur général du commerce, par Moitte, in-4. Deux très belles épreuves, dont une avant toutes lettres.

243 — *Le Blond* (G.), maître de mathématiques des enfants de France, par Saint-Aubin. Rare épreuve à l'état d'eau-forte, plus une épreuve avec la lettre. Deux pièces.

244 — *Le Coulteux du Moley* (Sophie), par Saint-Aubin, in-4. Très belle épreuve.

245 — *Lépicié* (N.-B.), — *Pigalle* (Jean-Baptiste). Deux portraits in-4, gravés par Rousseau et Saint-Aubin. Belles épreuves.

246 — *Radix* (J.-L.), conseiller au Parlement, chanoine de l'église de Paris, par Demarteau. Deux épreuves, dont une imprimée en sanguine.

COCHIN (d'après C.-N.)

247 — *Radix* (Claude-Mathieu), — *Radix* (Marie-Élisabeth Denis, femme de Monsieur), — *Troy* (J.-F. de), le fils, — *Slodtz* (P.-A.). Quatre portraits in-4, gravés par Saint-Aubin, Rousseau et Cars. Très belles épreuves.

248 — Portraits faisant partie de la suite de : Société académique des Enfants d'Apollon. Six pièces gravées par Lingée, Prévost et Saint-Aubin.

COCHIN ET FILLŒUL

249 — Le Matin, — le Milieu du jour, — l'Après-dînée, — la Soirée. Suite de quatre pièces gravées par Fillœul et Cl. Gallimard. Très belles épreuves. Suite rare à trouver complète.

COLLYER (J.)

250 — *Banks* (lady), in-8. Très belle épreuve.

COSTUMES

251 — Costume parisien, de 1803 à 1826. Deux cent soixante-quatre pièces. Très belles épreuves.

252 — Costumes militaires divers, en noir et en couleurs. Vingt pièces.

253 — Garde national à cheval, — Uniformes russes, — Marche d'officiers anglais, — Rencontre d'officiers anglais, etc. Cinq pièces en couleur d'après C. et H. Vernet, gravées par Debucourt et Gatine. Belles épreuves.

254 — Rencontre d'officiers anglais et écossais à Paris, — Officiers et soldats russes, — Costumes Russes. Trois pièces coloriées.

255 — Troupes étrangères, suite de six pièces en couleurs, publiées chez Jean. Très belles épreuves.

256 — Costumes militaires, infanterie et cavalerie de la Révolution et de l'Empire, publiés chez Jean. Dix-sept pièces coloriées.

COSTUMES

257 — Costumes militaires (ex-garde), par Charlet. Dix-neuf pièces. Très belles épreuves.

258 — Drapeaux des différents bataillons de la garde nationale parisienne, 1789. Trente-six pièces coloriées. Très rares.

259 — Costumes des fonctionnaires de l'État. Quatre pièces gravées par Charon, d'après Poisson, en couleur.

260 — Costumes militaires, des membres du Directoire exécutif, — Membres de la cour de cassation du tribunal criminel et civil, etc. Trente-cinq pièces en couleur, dessinées et gravées par Labrousse. Rare.

COSWAY (d'après R.)

261 — *Damer* (Mrs), par Schiavonetti. In-8. Très belle épreuve. Marge.

262 — *Swinburne* (Henry), par Bovi. In-4. Belle épreuve, avec marge.

COUTELLIER

263 — *Contat* (Mlle), de la Comédie-Française, dans le rôle de Suzanne, du *Mariage de Figaro*. In-4. En couleur. Très belle épreuve. Marge.

264 — *Maillard* (Mlle), de l'Académie royale de musique. In-4. En coleur. Très belle épreuve. Marge.

265 — Le même, gravé en noir, de format in-8, avec vers en bas. Très belle épreuve. Marge.

266 — *Olivier* (Mlle), de la Comédie-Française, dans le rôle de Chérubin. In-4 en couleur. Très belle épreuve.

CRÉPY ET PASQUIER

267 — *Bourgogne* (le duc de), — Mlle de *Conti*, — Marie *Leczinska*. Trois portraits in-8. Belles épreuves.

CROISIER (M.-A.)

268 — Un bon prince est aimé jusque dans ses enfants. Pièce in-8, où sont représentés le duc d'Orléans et son fils Philippe-Egalité avec sa femme, la duchesse de Penthièvre. Très belle épreuve.

DAULLÉ (J.)

269 — Le Bohémien, — La Bohémienne. Deux pièces faisant pendants, d'après Dumont le Romain. Belles épreuves.

270 — *Baron*, acteur, d'après Fr. de Troy (8), — *Caylus* (la mère du comte de), d'après Rigaud (84). Deux portraits in-fol. Très belles épreuves.

271 — *Chartres* (Louis-Philippe d'Orléans, duc de), d'après Belle. In-fol. Très belle épreuve, marge.

272 — *Coignard* (J.-B.), d'après Voirieau, — *Maupertuis* (Pierre-L.-Moreau de), d'après Tournière. Deux portraits. In-fol. Belles épreuves.

273 — *Favart* (Mme), actrice, d'après C. Vanloo. In-fol. Très belle épreuve, avec marge.

274 — *La Peyronie* (François de), d'après Rigaud, — *Nestier* (M. de), d'après Delarue. In-fol. Très belles épreuves.

275 — *Louis*, dauphin de France, d'après Tocqué. In-fol. Très belle épreuve.

276 — Louis, *duc d'Orléans*, fils du régent, d'après Coypel, — *Baglion de La Salle* (Fr.), d'après Wampe. Deux portraits. In-fol. Belles épreuves.

277 — *Mariette* (J.), d'après Ant. Pesne. In-fol. Très belle épreuve.

278 — *Mignard* (Catherine), comtesse de Feuquière, d'après Mignard. Kelle épreuve.

279 — *Rigaud* (Hyacinthe), peintre, et sa femme, d'après Rigaud. Superbe épreuve avant les mots : Gravé par Daullé, pour sa réception à l'Académie.

DAULLÉ ET LE BEAU

280 — *Marie-Thérèse,* reine de Hongrie. Deux portraits in-4. Très belles épreuves.

DAVID (H.)

281 — *Anne d'Autriche* représentée à cheval. In-fol. Belle épreuve.

DAVID (Fr.)

282 — *Praslin* (César-Gabriel de Choiseul, duc de), d'après Roslin. In-fol. en pied. Très belle épreuve.

DEBUCOURT (P-L.)

283 — Réception de Mme la duchesse de Berry, par sa Majesté Louis XVIII et la famille royale à Fontainebleau, le 15 juin 1816, d'après Vernet. Très belle épreuve d'une pièce très rare.

284 — Les Barrières de Paris. Six pièces. Très belles épreuves.

285 — La Marchande de coco, — La Marchande d'eau-de-vie, — Passez-payez. Trois pièces, d'après Vernet, dont une en noir.

286 — Promenade anglaise, — Anglais en habit habillé. Deux pièces en couleur, d'après Vernet.

287 — Dragon et lancier de la garde royale française, — Militaires de la garde impériale russe et allemande, — Officier de dragons danois. Trois pièces en couleur, d'après Vernet. Belles épreuves.

288 — *Alexandre Ier*, empereur de Russie. In-fol. en pied, en couleur. Belle épreuve.

DÉJABIN

289 — Collection de portraits des députés à l'Assemblée nationale, 1789. Cinq cent cinquante pièces. Très belles épreuves.

DELAFOSSE

290 — *Waldener* (C.-F.-D., comte de), d'après Carmontelle. In-fol. Belle épreuve.

DE LARMESSIN (N.)

291 — *Louis*, cinquième du nom, vingtième dauphin de France. In-fol. Superbe épreuve. Rare.

292 — *Louis Quinze*, roy de France et de Navarre, d'après Vanloo. In-fol. en pied. Très belle épreuve, marge.

293 — *Leczinska* (Marie), reine de France, d'après Vanloo. In-fol. Très belle épreuve, marge.

294 — *Leczinska* (Marie), reine de France, d'après Vanloo. In-fol. en pied. Très belle épreuve.

295 — *Marie-Thérèse* d'Autriche, reine de France. In-fol. Très belle épreuve. Rare.

DE LARMESSIN, CRÉPY, SIMONNEAU, ETC.

296 — *Bourgogne* (le duc et la duchesse de). Huit portraits différents. In-8 et in-4. Belles épreuves.

DE LARMESSIN, DAULLÉ ET GAUCHER

297 — *Louis XV*, roy de France. Quatre portraits différents, d'après Rigaud, Lemoine et Vanloo. Très belles épreuves.

DE LARMESSIN ET PETIT

298 — *Louis*, dauphin de France. In-fol. en pied. Deux portraits différents, dont un double avec l'adresse de Crépy. Trois pièces. Très belles épreuves.

DE LARMESSIN, L. VISSCHER ET AUTRES

299 — *Anne d'Autriche*, reine de France. Quatre portraits différents. In-fol. Belles épreuves.

DE LAUNAY, DELVAUX ET LA CHAUSSÉE

300 — *Deshoulières* (Mme), — *La Fontaine* (J. de). Quatre portraits. In-18. Belles épreuves.

DELAUNE (Étienne)

301 — Sujets de l'Ancien Testament et autres. Vingt pièces.

DELFF (W.-J.)

302 — *Bavière* (Frédéric-Henri, comte-Palatin du Rhin, duc de), d'après Mierevelt, in-fol, Très belle épreuve.

303 — *Bavière* (Wolfang Guillaume, comte Palatin du Rhin, duc de), d'après Mierevelt, in-fol. Belle épreuve.

304 — *Bergh* (Henri, comte de), d'après Mierevelt, in-fol. Très belle épreuve.

305 — *Brunswick* (Christian, duc de), d'après Mierevelt, in-fol. Très belle épreuve.

306 — *Brunswick* (Sophie-Hedvige, duchesse de), d'après Mierevelt, in-fol. Très belle épreuve.

307 — *Buckingham* (G. Villiers, duc de), d'après Mierevelt, in-fol. Très belle épreuve.

308 — *Charles Ier* roi d'Angleterre, d'après D. Mytens, in-fol. Très belle épreuve.

309 — *Coligny* (Gasp. de), comte de Chatillon, maréchal de France, d'après Mierevelt, in-fol. Très belle épreuve.

310 — *Coligny* (Louise de), princesse d'Orange, d'après Mierevelt, in-fol. Très belle épreuve, marge.

311 — *Elisabeth*, reine de Bohême, d'après Mierevelt, in-fol. Superbe épreuve.

312 — *Gustave-Adolphe*, roi de Suède, d'après Mierevelt, in-fol. Très belle épreuve.

313 — Henriette-Marie, reine d'Angleterre, d'après Daniel Mytens, in-fol. Belle épreuve.

314 — *Mansfeld* (Ernest, comte de), d'après Mierevelt, in-fol. Superbe épreuve.

315 — *Nassau* (Fr. Henri, prince d'Orange, comte de). d'après Mierevelt, in-fol. Très belle épreuve.

DELFF (W.-J.)

316 — Le même personnage, un peu plus âgé, in-fol. Très belle épreuve.

317 — *Nassau* (Guillaume Louis, comte de), d'après Mierevelt, in-fol. Très belle épreuve.

318 — *Nassau* (Ernest-Casimir, comte de), général, d'après Mierevelt, in-fol. Très belle épreuve.

319 — *Orange* (Philippe-Guillaume, prince d'), d'après Mierevelt, in-fol. Très belle épreuve, marge.

320 — *Orange* (Guillaume, prince d'), comte de Nassau d'après Visscher, in-fol. Très épreuve, marge.

321 — *Orange* (Amélie de Solms, princesse d'), d'après Mierevelt, in-fol. Superbe épreuve.

322 — *Orange* (Maurice, prince d'), comte de Nassau, d'après Mierevelt, in-fol. Très belle épreuve, marge.

323 — *Oxenstierna* (Axel), chancelier de Suède, d'après Mierevelt, in-fol. Très belle épreuve.

324 — *Pallandt* (Florent, comte de), d'après Mierevelt, in-fol. Belle épreuve.

325 — *Pallandt* (Catherine, comtesse de Culemborch, baronne de), d'après Mierevelt, in-fol. Très belle épreuve, marge.

326 — *Thurn* (H.-M. comte de), général allemand, d'après Mierevelt, in-fol. Superbe épreuve.

DE MACHY (d'après)

327 — Erection de la statue de Louis XV, sur la place Louis XV, gravé par Mme de Monchy. Très belle épreuve avant la lettre.

DE MARCENAY DE GHUY

328 — Charles VII. Deux épreuves, dont une avant la lettre.

329 — *Henri IV*, in-8. Épreuve avant toutes lettres.

DEMARTEAU

330 — *Vanloo* (Carle), d'après lui-même, in-fol, en sanguine. Belle épreuve.

DESNOYERS (Aug.-B.)

331 — La Madone de Saint-Sixte, d'après Raphaël. Très belle épreuve avant la lettre, marge.

332 — La Vierge dite la belle Jardinière, — La Visitation. Deux pièces, d'après Raphaël. Belles épreuves.

333 — *Talleyrand-Périgord* (Charles-Maurice de), d'après Gerard, in-fol. Très belle épreuve avec le cachet à deux têtes.

DESPLACES et VALÉE

334 — *Titon* (Marguerite Becaille, veuve de Maximilien), — *Pécoil* (Mme), avec son nègre. Deux portraits in-fol., d'après Rigaud. Très belles épreuves.

DESRAIS (d'après)

335 — Cérémonie du mariage de Louis Auguste, dauphin de France, avec l'archiduchesse Marie Antoinette, dans la chapelle de Versailles, le 16 may 1770, gravé par Germain. Belle épreuve. Rare.

336 — Voltaire couronné par Madame Clairon, par Dupuis. Très belle épreuve avant le numéro et le titre dans le haut.

337 — La même estampe. Très belle épreuve, marge.

DICKINSON

338 — The Gardens of Carleton-House with Neapolitan Ballad Singers. Designd 18 may 1784. Grande pièce en largeur, très curieuse au point de vue du costume. Très belle épreuve. Rare.

DIVERS

339 — Portraits étrangers par Chereau, Falck, Sandrart, Smith, etc., huit pièces. Belles épreuves.

340 — Sous ce numéro, il sera vendu un fort lot de portraits, pièces historiques, paysages, etc.

DREVET (PIERRE)

341 — *Beauvau du Rivau* (R. Fr. de), archevêque, duc de Narbonne, (D. 17), — *Fleury* (le card. de). (48). Deux portraits in-fol, d'après Rigaud. Très belles épreuves.

342 — *Bethune* (Hippol. de) évêque, comte de Verdun, d'après Rigaud (21). Belle épreuve.

343 — *Bignon* (l'abbé J.-P.), de l'Académie française, d'après Rigaud (22), — *Condé* (Louis-Henri, duc de Bourbon, prince de), d'après Gobert (67). Deux portraits in-fol. Belles épreuves.

344 — *Boileau-Despréaux* (Nic.), d'après Rigaud (24). Très belle épreuve.

345 — Le même personnage. Deux portraits différents, d'après De Troy, et R. de Piles (25 et 23). Belles épreuves.

346 — *Colbert* (J.-Nic.), archevêque de Rouen, d'après Rigaud (33). Belle épreuve.

347 — *Cotte* (Robert de), d'après Rigaud (34). Très belle épreuve.

338 — *Desjardins* (Mme), épouse du sculpteur, d'après Rigaud (38). Très belle épreuve avant toutes lettres.

349 — *Finé de Brianville* (l'abbé Aronce), d'après Rigaud (47). Belle épreuve.

350 — Louis XV, d'après Rigaud (59). Très belle épreuve.

351 — Louis-Auguste de Bourbon, prince de Dombes, d'après Fr. de Troy (60). Superbe épreuve.

352 — Le même prince, d'après Fr. de Troy (61). Belle épreuve.

353 — *Toulouse* (Louis-Alexandre de Bourbon, comte de), d'après Fr. de Troy (63). Très belle épreuve du deuxième état, avec l'adresse sur les palmes.

354 — *Gillet* (P.). Magistrat, d'après Rigaud (68). Belle épreuve.

DREVET (Pierre)

355 — *Lambert de Thorigny* (Nic.), d'après N. de Largillière (80). Belle épreuve.

356 — Lambert (Madame), d'après N. de Largillière (81). — *Motteville* (Hélène-Lambert Mme de), d'après Largillière (98). Deux portraits. Très belles épreuves.

357 — *Mitantier* (J.-M.), Greffier de l'Hôtel de Ville de Paris, d'après N. de Largillière (95). Belle épreuve.

358 — *Rigaud* (Maria Serre, Mme), d'après Rigaud (110). Belle épreuve.

359 — *Nemours* (la duchesse de), d'après Rigaud (115). — *Delamet* (Léonard), d'après Rigaud. Deux portraits. Belles épreuves.

DREVET (P.-I.)

360 — *Bossuet* (J.-B.), d'après Rigaud (12). Belle épreuve.

361 — *Dubois* (le cardinal Guill.), d'après Rigaud (15). Belle épreuve.

362 — Louis *d'Orléaus*, fils du Régent, d'après Ch. Coypel (21). Deux belles épreuves des premier et deuxième états.

363 — Louis XV, conduit par Minerve, d'après Coypel (22). Très belle épreuve.

364 — *Lecouvreur* (Adrienne), d'après Ch. Coypel (24). Belle épreuve.

DREVET (Claude)

365 — *Calvairac* (F.-P.), docteur en théologie, d'après A. le Prieur, in-fol. Belle épreuve.

366 — *Oswald* (Henri), cardinal d'Auvergne (12). — *Vintimille* (Ch.-G.-G. de), archevêque de Paris (14). Deux portraits in-fol., d'après Rigaud. Très belles épreuves.

DREVET (P.) et G. EDELINCK

367 — *Rigaud* (Hyacinthe). Deux portraits différents d'après lui-même, in-fol. Très belles épreuves.

DREVET, EDELINCK ET LANGLOIS

368 — *Noailles* (L. Ant.), cardinal-archevêque de Paris, — *Noailles* (Gaston J.-B. Louis de), d'après Coypel. Trois portraits in-fol. Belles épreuves.

DREVET, EDELINCK ET SARRABAT

369 — *Louis*, Dauphin, fils de Louis XIV, — *Bourgogne* (le Duc de), cinq portraits de ces deux personnages, dont un double, in-fol. Belles épreuves.

DREVET (Cl.) ET DAULLÉ

370 — *Besenval* (J.-V.), d'après Messonier. — *Puységur* (J.-F. de Chastenet, Maréchal de), d'après Tournière. Deux portraits. Très belles épreuves.

DREVET (Cl.) ET LÉPICIÉ

371 — *Pucelle* (René), d'après Rigaud. — *Capperonnier* (Claude), d'après Lépicié. Deux portraits in-fol. Belles épreuves.

DROUAIS (d'après F.-H.)

372 — Le Comte d'Artois enfant et Madame montée sur une chèvre, par Beauvarlet. Très belle épreuve, marge.

373 — Les enfants du duc de Béthune, par Beauvarlet. Belle épreuve.

DU CHANGE (G.)

374 — *Le Gras* (Mademoiselle), in-fol. Très belle épreuve.

DU CHANGE, TARDIEU ET LE BAS

375 — *Girardon* (François), d'après Rigaud. — *De la fosse* (Charles), d'après Rigaud. — Le Lorrain (Robert), d'après Nonnotte. — Le même personnage, d'après Drouais. Quatre portraits in-fol. Très belles épreuves.

DUCLOS (J.)

376 — La Reine annonçant à Mme de Bellegarde, des juges, et la liberté de son mari, en mai 1777, d'après Desfossés. Très belle épreuve.

DUFLOS, CHÉREAU ET LOTHA

377 — *Clermont-Tonnerre* (F. de), d'après Tortebat, — *Vincent* (J.-M.), — *Montillet* (J.-F. de), archevêque d'Auch. Trois portraits in-fol. Belles épreuves.

DUPIN ET FESSARD

378 — *Dorat*. Deux portraits in-8, d'après Hoin. Très belles épreuves.

DUPLESSIS-BERTAUX

379 — Séparation de Louis XVI d'avec sa famille. Pièce avant toute lettre, non terminée, marge.

380 — Les Diseurs de bonne aventure, — Les Chanteurs des Boulevarts. Deux pièces de forme ronde, coloriées. Très belles épreuves. Rares.

DUPUIS (Nicolas)

381 — *Betzkoy* (Jean de), d'après Roslin, in-fol. Très belle épreuve, marge.

DURER (Albert)

382 — *Erasme de Rotterdam* (B. 107). Bonne épreuve, plus le même personnage par le maître au monogramme F.-H., in-fol. Deux pièces.

EARLOM (Richard)

383 — Les fleurs et les fruits, d'après Van Huysum. Deux pièces faisant pendants. Très belles épreuves, coloriées.

384 — *Chaloner* (sir Thomas), d'après Van Dyck. Très belle épreuve.

ÉCOLE FRANÇAISE DU XVIIIe SIÈCLE

385 — Estampes par Touzé, Debucourt, Rigaud, J.-B. Huet, Oudry. Vingt pièces.

386 — Cris de Paris, d'après Bouchardon, — Estampes, d'après Chardin et Knyper, — Cheval de course, — Brevet de pension militaire, 1779, etc. Douze pièces.

EDELINCK (GÉRARD)

387 — *Bertin* (Pierre-Vincent), d'après Largillière (149), — *Champagne* (Ph. de), d'après lui-même (164), — *Lamoignon* (Madeleine de), d'après de Séve (234), — *Léonard* (F.), imprimeur, d'après Rigaud (242). Quatre portraits. Belles épreuves.

388 — *Bignon* (J.-P.), (R. D., 151), — *Le Tellier* (Charles-Maurice), d'après Mignard (245), — *Mansart* (J.-H.), d'après Rigaud (268). Trois portraits. Très belles épreuves.

389 — *De Blye* (Jean-Baptiste), premier Président au parlement de Tournay (179), — *Meslay* (Jean Rouillé, comte de), d'après Nanteuil (273). Deux portraits. Très belles épreuves.

390 — *Du Metz* (Gédéon Berbier), d'après Rigaud (190), — *Feuillet* (Nicolas), chanoine de Saint-Cloud (204). Deux portraits. Belles épreuves.

391 — *Le Brun* (Charles), premier peintre du roi et graveur à l'eau-forte (238), — *Silvestre* (Israël), dessinateur du cabinet du roi (319). Deux portraits. Belles épreuves.

392 — Louis XIV, roi de France, d'après Le Brun (R.-D., 259). Pièce en deux planches appelée Thèse de la Paix. Très belle épreuve du premier état, manque de conservation.

393 — La même estampe. Belle épreuve du deuxième état.

394 — *Louis XIV*, roi de France, d'après C. Le Brun (R.-D. 260). Grande thèse de philosophie, en deux planches. Belle épreuve.

395 — *Parfaict* (Nicolas), d'après Nanteuil (288). Très belle épreuve. Rare.

396 — *Savary* (Mathieu), évêque de Séez, d'après Ferdinand (315). Très belle épreuve.

EDELINCK (GÉRARD)

397 — *Colbert* (J.-B.-M.), archevêque de Toulouse (336). Très belle épreuve.

EDELINCK (N.)

398 — *Malebranche* (Nicolas), d'après Santerre, — *Tourreil* (Jacques de), d'après Benois. Deux portraits. Belles épreuves.

399 — Orléans (Philippe, duc d'), régent, d'après Ranc. Grand in-fol., équestre. Belle épreuve.

EILLARTS FRISIUS (J.)

400 — *Spinola* (Ambroise), in-fol. Belle épreuve.

EISEN (d'après F.)

401 — L'Ecole flamande, — L'Ecole hollandaise. Deux pièces faisant pendants, gravées par J. Ouvrier. Très belles épreuves, marges.

EISEN (d'après CH.)

402 — L'Accord de Mariage, — Le Tric-Trac. Deux pièces faisant pendants, gravées par Gaillard et Le Bas. Belles épreuves.

403 — Le Concert champêtre, — Le Bal champêtre, — Les Quatre Saisons. Suite de six pièces gravées par de Longueil. Très belles épreuves.

404 — Concert méchanique, par de Longueil. Belle épreuve.

ELLUIN

405 — *Duplant* (Rosalie), de l'Académie royale de musique, d'après Le Clerc, in-4. Très belle épreuve.

ELLUIN ET MIGER

406 — *Rauslin* (Jos), d'après Valade, — *Fontanieu* (P.-E. de), d'après Cochin. Deux portraits in-fol. Belles épreuves.

FABER (J.)

407 — *Danckelman* (Ant.-Elisabeth de Borche, baronne de), d'après Pesne, in-fol. Belle épreuve.

FALCK (J.)

408 — *Duglasio* (Ruperto), — Hammerstein, Deux portraits in-fol. d'après Beck. Belles épreuves.

409 — Geer (L. de), d'après D. Beck., in-fol. Belle épreuve.

FAUCHERY

410 — La Joconde, d'après L. de Vinci. Belle épreuve avant la lettre.

FESSART, CANOT, NÉE ET MASQUELIER

411 — Mort de Pouple, chirurgien de M. de Voltaire, d'après Durand, — Le Lever du Philosophe de Ferney, — Le Déjeuner de Ferney. Quatre pièces. Très belles épreuves.

FESSART ET SAINT-AUBIN

412 — *Penthièvre* (L.-J.-M. de Bourbon, duc de), in-fol. Très belle épreuve.

FICQUET (Étienne)

413 — *Ariosto* (L'), d'après Titien (F. 4). Très belle épreuve du 3e état avant toutes lettres.

414 — De *Chennevières* (31). Belle épreuve du 2e état avec le mot Cincère.

415 — *Corneille* (Pierre), d'après Lebrun (34), — *Descartes* (René), d'après Hals (39). Deux portraits in-8. Belles épreuves.

416 — *Crébillon* (Prosper Jolyot de), d'après Aved (37), — *Rousseau* (J.-B.) (131), — *Voltaire* (François-Marie Arouet de), d'après de La Tour (162). Trois portraits in-8. Très belles épreuves.

417 — *Descartes* (René), d'après Hals (39), — *Fénelon*, d'après Vivien (58). Deux portraits. Belles épreuves.

418 — *La Fontaine* (Jean de), d'après Rigaud (62). Belle épreuve, dite au ruisseau blanc.

FICQUET (Étienne)

419 — *La Mothe le Vayer* (F. de), d'après Nanteuil (84), — *Montaigne* (Michel de), d'après Dumonstier (102). Deux portraits. Belles épreuves.

420 — *Maintenon* (la marquise de), d'après Mignard. Très belle épreuve, marge.

421 — *Molière* (J.-B. Poquelin de), d'après Coypel, in-8. Très belle épreuve.

422 — *Regnard* (Jean-François), d'après Rigaud (122), — *Rousseau* (J.-J.), d'après de La Tour (132). Deux portraits in-8. Très belles épreuves.

423 — Les mêmes portraits. Très belles épreuves.

FIRENS (P.)

424 — Représentation au naturel comme le Roy très-chrestien Henri IV, roy de France et de Navarre, touche les escroueles, in-fol. en largeur. Belle épreuve.

425 — *Louis XIII et Anne d'Autriche*, représentés en regard l'un de l'autre sur une même feuille. Très belle épreuve. Rare.

FISHER, SMITH et SANDRART

426 — *Harcourt* (Simon, comte d'), — *Letty* (W.), — *Maximilien-Henri*, archevêque de Cologne. Trois portraits in-fol. Belles épreuves.

FLAMEN (Albert)

427 — Le Jansénisme foudroyé (R. D., 375). Belle épreuve, d'une pièce rare.

FLIPART, CHENU, etc.

428 — *Favart* (Madame), actrice. Quatre portraits différents. Belles épreuves.

FREUDEBERG (d'après S.)

429 — Le Bain, par Romanet, 1774. Très belle épreuve.

FREUDEBERG (d'après S.)

430. — La Toilette, par Voyez l'aîné, 1774. Très belle épreuve.

431 — L'Occupation, par Lingée. Très belle épreuve.

432 — La Visite inattendue, par Voyez l'aîné, 1774. Très belle épreuve.

433 — Le Boudoir, par P. Maleuvre, 1774. Très belle épreuve.

434 — Les Confidences, par C.-L. Lingée, 1774. Très belle épreuve.

435 — La Soirée d'hiver, par Ingouf junior, 1774. Très belle épreuve.

436 — L'Evénement au bal, par Duclos et Ingouf. Très belle épreuve.

437 — La Promenade du matin, par Lingée, 1774. Très belle épreuve, avant le numéro.

FRITZSCH

438 — Frédéric II, Roy de Prusse, Electeur de Brandebourg, in-fol. d'après Pesne. Belle épreuve.

FROSNE (J.)

439 — *Bréauté* (N., marquis de), — *Estampes de Valençay* (Henri d'). Deux portraits in-fol. Belles épreuves

FROSNE, PICART ET VALLET

440 — *Bellejame* (J. Le Maistre, seigneur de), — *Braque* (François de), d'après Paillet, — *Lionne* (Jules-Paul de), d'après Blanchard. Trois portraits in-fol. Belles épreuves.

GAILLARD (R.)

441 — *Louise Ulrique* de Prusse, reine de Suède, d'après Latainville, in-fol. Très belle épreuve.

GAILLARD, GAUCHER ET MOITTE

442 — *Pichault de la Martinière*, d'après Latinville, — *Estaing* (Charles-Henri, comte d'), d'après Sablet, — *Duhamel* (H.-L.), d'après Drouais. Trois portraits in-fol. Belles épreuves.

GAILLARD (R.) ET N. DUPUIS

443 — *Castanier* (François), d'après Rigaud, — *Le Normand de Tournehem* (messire Ch.-Fr.-P.), d'après Toqué. Deux portraits in-fol. Très belles épreuves.

GAILLARD ET TARDIEU

444 — *Galitzin* (le Prince et la Princesse), d'après Vanloo et Drouais. Deux portraits in-fol. faisant pendants. Très belles épreuves.

GAINSBOROUGH ET REYNOLDS (d'après)

445 — S. A. R. George, Prince de Galles. Quatre portraits différents in-fol. gravés par Smith, Cardon et Howard. Belles épreuves.

GANTREL (ÉTIENNE)

446 — *Poncet de la Rivière* (Mathias), — *Melleraye* (M. de la), d'après Bon de Boulogne, — *Matignon* (L. de). Trois portraits in-fol. Très belles épreuves.

GAULTIER (L.)

447 — Le Sceptre de Milice, in-4. Belle épreuve.

448 — Marie de *Médecis*, représentée debout en costume de veuve, in-4. Très belle épreuve. Rare.

449 — Louis XIII, Roi de France et de Navare, en costume royal, in-8. Superbe épreuve, marge.

450 — Le même roi, en prières, — Le même en buste. Deux pièces in-8. Belles épreuves.

451 — *Louis XIII*, — *Marie de Médicis*. 1610. Deux portraits faisant pendants. Très belles épreuves. Rares.

GAULTIER-D'AGOTY

452 — *Dufresny*, d'après Coypel. In-fol. en couleur. Belle épreuve.

453 — *Frédéric II*, roi de Prusse, — *Marie-Thérèse*, Reine de Hongrie. Deux portraits in-4, en couleur. Belles épreuves.

454 — *Louis XV*, Roy de France. In-4 en couleur. Très belle épreuve.

GAUTIER

455 — *Dubois* (Antoine), chirurgien, d'après Boilly. In-4 en couleur. Belle épreuve.

GIFFART (P.)

456 — *Maintenon* (Françoise d'Aubigné, marquise de). In-fol. Très belle épreuve.

GILLBERG

457 — *La Chantrie* (Mlle), de l'Opéra, d'après Pierre. In fol., à la sanguine. Belle épreuve.

GIRARDET

458 — Journée du Champ de Mai, année 1815. Très belle épreuve avant toutes lettres. Marge.

GMELIN ET MARCK

459 — *Maximilien*, archiduc d'Autriche, grand maître de l'Ordre teutonique. Deux portraits différents, in-8 et in-fol. Très belles épreuves.

GODEFROY (J.)

460 — Congrès de Vienne, d'après Isabey. Belle épreuve.

GOUDT (Le comte de)

461 — L'Œuvre en sept pièces, gravées d'après Adam Elsheimer. Très belles épreuves. Rares.

GRATELOUP (J.-B.)

462 — *Bossuet* (J. B.) d'après Rigaud. In-8 en pied. Très belle épreuve.

463 — Le même personnage, gravé par Pauquet, d'après Rigault. Épreuve à l'état d'eau-forte.

GREUZE (d'après J.-B.)

464 — Costumes d'Italie. Quatre pièces gravées par Moite. Belles épreuves.

GRIGNON ET PICART

465 — *Vallot* (Ant.), conseiller, — *Briou* (Claude de), — *Hotman* (Vincent), chevalier, seigneur de Fontenay. Trois portraits in-fol. Très belles épreuves.

GUELARD

466 — La Bibliothèque des enfants, à l'usage de Monseigneur le Dauphin et de Messeigneurs les Enfants de France. 1732. Très belle épreuve.

GUELARD ET INGOUF

467 — Le Doyen des peintres (Bolureau), d'après Spoele, — Michel *Le Clerc*, né à Dourdan. Deux portraits in-fol. Belles épreuves.

GUÉRIN (C.) ET FOSSEYEUX

468 — *Richter* (François Xavier), maître de chapelle de la cathédrale de Strasbourg, — *Hagnon* (J. Ant.), économe du château royal de Bicêtre, d'après Boissin. Deux portraits in-4. Belles épreuves.

HABERT ET NOLLIN

469 — *Molière* (J. B. Poquelin de), d'après Habert. Deux portraits in-fol. Belles épreuves.

HAELWEGH, VERTUE, ETC.

470 — *John*, archevêque de Bristol, — *Argyl* (Archibald, comte d'), — Le Margrave *d'Anspach*. Trois portraits in-fol. Belles épreuves.

HAINZELMAN ET THOURNEYSEN

471 — *Maximilien Philippe*, duc de Bavière, — *Auguste*, duc de Saxe, etc. Quatre portraits in-fol. Bonnes épreuves.

HALBEECK, HONDIUS ET GOLTZIUS

472 — *Henri IV*, roi de France. Trois portraits in-fol., dont un équestre. Belles épreuves.

HARRIET (d'après F.-J.)

473 — Le Thé parisien, suprême bon ton, au commencement du dix-neuvième siècle, par Godefroy. En couleur. Très belle épreuve.

HENNE (E.)

474 — *Wever* (Albertine). In-8 en couleur. Belle épreuve.

HENRIQUEL-DUPONT

475 — Entrée d'Henri IV à Paris, d'après Gerard. Deux très belles épreuves avant la lettre, dont une sur chine, avant les noms des artistes.

HENRIQUEZ (B.-L.)

476 — Le Triomphe de l'Impératrice Catherine. In fol. en largeur. Très belle épreuve, avant toutes lettres.

HONDIUS (G.)

477 — *Nassau* (Guillaume, comte de), d'après Mytens. In-fol. Belle épreuve.

HONDIUS (H.)

478 — L'Empereur *Ferdinand*. In-fol. Très belle épreuve.

HONERVOT

479 — L'Auguste ceremonie du Mariage du Roy avec l'infante d'Espagne, faite par Mgr l'évêque de Bayonne, à Saint-Jean-de-Luz, le 9 juin 1660. Belle épreuve.

HORTEMELS (Marie)

480 — *Cossé-Brissac* (Emanuel Henry Thimoleon de), abbé, d'après Belle. In-fol. Belle épreuve.

481 — *Orleans* (Elizabeth-Charlotte, Palatine du Rhin, duchesse d'), d'après Rigaud. In-fol. Belle épreuve. Marge.

HOUSTON

482 — *Christian VII*, roi de Danemark. In-fol. en manière noire. Très belle épreuve.

HUBERT

483 — *Maupeou* (R. N. Ch. Aug. de), premier président en 1763. In-fol. Deux épreuves, dont une avant toutes lettres.

484 — Le même personnage, par le même graveur. In-fol. Très belle épreuve.

HUET (d'après J.-B.)

485 — Offrande au dieu Pan, — Offrande à l'Amour, — Offrande à l'Amitié, — Offrande à l'Espérance, — La Petite bergère. Cinq pièces gravées en couleur, par Jubier et Billé. Belles épreuves.

486 — Étude pour les demoiselles. Trois pièces, costumes de jeunes femmes, gravées en sanguine, par Guber. Très belles épreuves. Marges.

HUGUET

487 — Partie de l'incendie de la ville de Rennes, vue de la place du Palais. Très belle épreuve.

HUMBLOT

488 — Estampes satiriques et critiques sur la Banque de Law. Cinq pièces.

HURET (Grégoire)

489 — *Ventadour* (Marguerite de Montmorency, duchesse de). In-fol. Belle épreuve.

JANINET (F.)

490 — Liberté, — Égalité. Deux pièces, d'après Moitte. Belles épreuves.

491 — *Dugazon* (Mme). Rôle de Nina, d'après Dutertre. In-8 en couleur. Belle épreuve.

JAZET

492 — Bivouac des Cosaques aux Champs-Élysées, à Paris, le 31 mars 1814, d'après Sauerweid. En couleur. Très belle épreuve.

493 — La même estampe. Très-belle épreuve en noir.

JEAURAT (d'après Ét.)

494 — La Couturière, — La Vieillesse, — Le Transport des filles de joye à l'hopital. Trois pièces gravées par Balechou, Lepicié et Le Vasseur.

JEAURAT et CANOT (d'après)

495 — Le Maître de danse, — Le Souhait de la bonne année au grand papa. — L'Accouchée, — La Relevée. Quatre pièces gravées par Le Bas et Lépicié. Belles épreuves.

JEAURAT et DELARUE (d'après)

496 — L'Exemple des mères, par Lucas, — La Sçavante, — La Peinture, par Cl. Duflos. Trois pièces.

JORDAENS (d'après J.)

497 — *Orange* (Fréderick Henri and Emilia van Solms. Prince and Princess of). In fol. en manière noire, par Rymsdyk. Très belle épreuve.

KAERIUS (P. EXCUD.)

498 — Procession de la Ligue, à Paris, en 1573. Grand in-fol. en largeur. Belle épreuve avec l'adresse de Danckerts.

KAUFFMANN (d'après ANGELICA)

499 — Lady Rushout and his Daughter, par Burke. Très belle épreuve.

KILIAN (PH. ET B.)

500 — *Ulrich Eleonore*, reine de Suède, — *Charles XI*, roi de Suède, — *Maximilien Emmanuel*, duc de Bavière, etc. Cinq portraits in-fol. Belles épreuves.

KLAUBER, MANSFELD, LEBEAU, CORBULE, ETC.

501 — Paul Ier, empereur de Russie. Dix-huit portraits, in-8 et in-fol. le représentant comme grand Duc et comme empereur. Très belles épreuves.

LA FOSSE

502 — *Lany* (Louise-Magdeleine), pensionnaire du roi, in-fol. Belle épreuve.

LAMI ET LŒILLET

503 — La grande allée, — Une Averse, — Diligences, etc. Sept pièces. Très belles épreuves.

LANCRET (d'après)

504 — L'Air, — L'Eau. Deux pièces par Tardieu et Desplaces. Belles épreuves.

505 — Les Amours du Bocage, — Récréation champêtre. Deux pièces gravées par de Larmessin et Joulain. Belles épreuves.

506 — Le Berger indécis, par Tardieu, — *Que le cœur d'un amant est sujet à changer*, par S. Le Moine. Deux pièces. Très belles épreuves.

507 — Camargo (Mlle), — Grandval. Deux pièces gravées par Cars et Le Bas. Belles épreuves.

LANCRET (d'après)

508 — Conversation galante, par Le Bas. Belle épreuve.

509 — *Dans cette aimable solitude*, — Le Feu, — Le Midi, etc. Quatre pièces par de Larmessin, Audran et Lemoine; une est avant la lettre. Belles épreuves.

510 — La Femme commode, par Dupin. Belle épreuve. Rare.

511 — Le Glorieux, — Le Philosophe marié. Deux pièces faisant pendants gravées par C. et N. Dupuis. Belles épreuves.

512 — Le Jeu de Colin-Maillard, par C.-N. Cochin. Superbe épreuve.

513 — Le Jeu des quatre coins, par de Larmessin, — Fête champêtre. Deux pièces.

514 — La Jeunesse, — L'Adolescence, — La Vieillesse. Trois pièces gravées par de Larmessin. Belles épreuves.

515 — Le Maître galant, par Le Bas. Belle épreuve.

516 — Le Matin, — L'Après-dînée, — La Soirée. Trois pièces gravées par de Larmessin. Belles épreuves.

517 — Repas italien, par Le Bas. Belle épreuve.

518 — Les Saisons. Suite de quatre pièces en hauteur, gravées par B. Audran, Scotin, N. Tardieu et Ch. Le Bas. Belles épreuves.

519 — Les Saisons. Suite de quatre pièces en largeur, gravées par de Larmessin. Très belles épreuves avant l'adresse de Crépy.

520 — Le Théâtre Italien, — La Belle Grecque, — *Quand vous voulez toucher quelque cœur amoureux*, — *Lise s'en va changer d'humeur et de visage*. Quatre pièces gravées par Schmidt et Hortemels.

521 — *Veux-tu d'une inhumaine emporter la tendresse?* — *D'un baiser que Tircis caché dans ces beaux lieux*. Deux pièces gravées par S. Silvestre. Très belles épreuves.

LANCRET (d'après)

522 — Le Faucon, — Le Gascon puni, — Nicaise. Trois pièces par de Larmessin. Très belles épreuves avant l'adresse de Buldet.

523 — On ne s'avise jamais de tout, — A Femme avare, galant escroc. Deux pièces par de Larmessin. Très belles épreuves, avant l'adresse de Buldet.

524 — Les Oyes de frère Philippe, — Les Troqueurs, — Les Deux amis. Trois pièces gravées par de Larmessin. Belles épreuves, avant l'adresse de Buldet.

525 — Les Remois, — Le Petit chien qui secoue de l'argent et des pierreries. Deux pièces gravées par de Larmessin. Belles épreuves, avec l'adresse de Buldet.

526 — La Servante justifiée, — La Coquette de village. Deux pièces gravées par de Larmessin. Très belles épreuves, avant l'adresse de Buldet.

527 — Les Troqueurs, par J. Tinnery. Belle épreuve avec titre et vers anglais.

LANDRY (P.)

528 — Les Cérémonies observées à la réception de Monseigneur le Dauphin dans la confrérie du saint Rosaire, en présence de tous les princes et seigneurs de la cour royale. Très belle épreuve. Rare.

529 — *Lescuyer* (François), d'après Gribelin. — *Escars* (Messire Charles, comte d'), d'après Dieu. Deux portraits, in-fol. Bonnes épreuves.

LANGLOIS

530 — *Joly* (Marie-Elisabeth) du Théâtre Français, in-4. Belle épreuve, marge.

LANGLOIS (J.)

531 — *Law*, contrôleur général des finances, d'après Hubert, in-fol. Belle épreuve.

LANTE, BONNET, RADIGUES, BARBIER, BARTOLOZZI, ETC.

532 — Catherine II, impératrice de Russie. Vingt-un portraits différents, in-fol., in-8 et in-4. Très belles épreuves.

LASNE (MICHEL)

533 — Anne d'Autriche, assise dans son cabinet avec ses fils, Louis XIV et Philippe d'Orléans. Grande pièce en largeur. Très belle épreuve.

534 — Louis XIII, roi de France, à cheval ; le fond, représentant la bataille de Veillane, est gravé par Callot. Grand in-fol. Belle épreuve.

535 — *Mazarin* (le cardinal), in-fol. Deux épreuves d'états différents.

LASNE (MICHEL) ET BRIOT

536 — *Anne d'Autriche*, reine de France et de Navarre, in-fol. Superbe épreuve. Rare.

LASNE (MICHEL) ET MELLAN

537 — Anne d'Autriche, reine de France. Huit portraits différents, in-fol. Belles épreuves.

538 — De *Harlay*, — *Mesmes* (Henri de), seigneur de Roissy, portraits différents, etc. Quatre portraits, in-folio. Belles épreuves.

LASNE, MELLAN ET ROUSSELET

539 — *Richelieu* (le cardinal de). Quatre portraits différents, in-fol. Belles épreuves.

LASNE, N. POILLY, ETC.

540 — *Condé* (Louis de Bourbon, IIe du nom, prince de). Trois portraits différents, in-fol., dont un équestre. Belles épreuves.

LAVREINCE (d'après N.)

541 — L'Assemblée au salon, par Dequevauviller (E. D., 6). Très belle épreuve.

542 — Le Billet doux, par N. de Launay. Belle épreuve.

543 — La Consolation de l'absence, par N. de Launay (E. B., 14). Très belle épreuve.

544 — Le Mercure de France, par Guttenberg (E. D., 38). Très belle épreuve.

545 — Le Serin chéri, par Dnargle, en couleur. Belle épreuve.

LE BARBIER (d'après)

546 — Départ du citoyen, par Cl. Duflos. Belle épreuve.

547 — Monument projeté à la gloire de J.-J. Rousseau, par Née. Deux très belles épreuves, dont une avant les noms des artistes, marges.

LE BEAU

548 — *Condé* (Louis-Joseph de Bourbon, prince de). Quatre portraits différents, in-8. Très belles épreuves.

549 — *Orléans* (L.-M.-Th.-B. d'), duchesse de Bourbon, in-4, d'après Le Noir. Très belle épreuve.

550 — *Pompadour* (la marquise de), d'après Queverdo, in-4. Très belle épreuve avant le numéro.

551 — *Raucourt* (F-A.-M. de), — *Du Gazon* (Madame). Deux portraits in-8. Très belles épreuves.

LE BEAU ET N. DE LAUNAY

552 — *Choiseul* (Etienne François, duc de), quatre portraits in-8, et in-4. Très belles épreuves.

LE BEAU ET DUPIN

553 — *Pentièvre* (Louis, Jean, Marie, duc de). Deux portraits in-4. Très belles épreuves, marges.

LE BEAU ET DUPONCHELLE

554 — *Leczinska* Marie, reine de France, in-4. Deux portraits différents, d'après Nattier. Très belles épreuves, marges.

LE BEAU, HUBERT ET BARTOLOZZI

555 — Marie Jne. Louise de *Savoye*, Madame. Trois portraits in-8 différents. Très belles épreuves.

LE BEAU, HUBERT ET INGOUF

556 — *Artois* (Marie Thérèse, comtesse d'). Trois portraits différents, in-8 et in-4. Très belles épreuves.

LE BEAU, HUBERT, LEBERT ET BEAUVARLET

557 — *Artois* (Charles Philippe, comte d'), colonel général des Suisses et Grisons, huit portraits différents, in-8. Très belles épreuves.

LE BEAU, LETELLIER, CONDÉ, ETC.

558 — *Eon de Beaumont* (la chevalière d'), sept portraits différents, in-8 et in-fol. Belles épreuves.

LE BEAU, LE GRAND, BOUILLARD, ETC.

559 — *Louis XVIII*, roi de France, onze portraits différents, comme roi ou comte de Provence. Belles épreuves.

LE BRUN (d'après C.)

560 — Louis XIII et Anne d'Autriche représentés à cheval, en regard l'un de l'autre sur une même feuille in-fol. en largeur. Belle épreuve.

LE CŒUR ET ALLAIS

561 — Collection de portraits, princes et maréchaux de France, littérateurs, hommes et femmes célèbres, etc., quarante-cinq pièces. Rares.

LECOMTE, NAUDET, ETC.

562 — Parades, suite de dix pièces, fêtes et mœurs parisiennes, dix pièces. Deux suites coloriées.

LEFÈVRE

563 — Décadaire des hommes célèbres pour l'année 1803. Très rare épreuve, non entièrement terminée. Avant le nom du graveur.

LE MIRE (N.)

564 — Le Gâteau des rois. Très belle épreuve.

565 — *Clairon* (Mme) couronnée par Melpomène, d'après Gravelot. Très belle épreuve, marge.

566 — *Washington* (S.-E. George), représenté debout près de sa tente, d'après Le Paon, in-fol. Superbe épreuve avant la lettre, marge.

LENFANT (J.)

567 — *Argouges* (Henri d'), — *Blasset* (Nicolas), — *Forcal* (J.), — *Tracy* (A. de Granville, marquis de). Quatre portraits in-fol. Très belles épreuves.

568 — *Baudrand de Pradel* (Et.), d'après Dieu, — *Biscarras* (J.-A. de), — *Bonzy* (Pierre de), archevêque de Toulouse, — *Dehollande*, conseiller au parlement de Paris. Quatre portraits in-fol. Très belles épreuves.

569 — *Hervilly* (J.-B. d'), — *Combrondes* (Jean de Brion, marquis de). Deux portraits in-fol. Belles épreuves.

570 — *Jegou* (Claudius), — *Lemaistre* (Ægidius). — *Nesmond* (Guillaume de), — *Nesmond* (Fr. Théodore de), — *Paiot* (Andreas de). Cinq portraits in-fol. Très belles épreuves.

571 — *Lomenie de Brienne* (L.-H.), d'après le Brun, — *le Maistre de Bellejame* (H.), — *Miris* (Ed. de Fieux, marquis de), — *Souvré* (J. de), d'après Mignard. Quatre portraits in-fol. Très belles épreuves.

LENFANT (J.)

572 — Louis XIV, portrait équestre ; dans le fond, une vue de Paris. Grand in-fol. Belle épreuve.

LE PAON (d'après)

573 — Revue de la maison du roi au Trou d'Enfer, par J.-P. Le Bas. Belle épreuve.

LEPAUTRE

574 — Une des trois pièces du sacre de Louis XIV. Belle épreuve.

LE PRINCE (d'après)

575 — Le Marchand de lunettes, par Helman. Très belle épreuve, avant la dédicace.

LESPINASSE (d'après le chevalier)

576 — Vue du jardin, galeries et Palais-Royal, gravé par Varin. Belle épreuve.

577 — Plan perspective de l'école royale militaire, gravé par Née et Masquelier. Très rare épreuve à l'état d'eau forte, plus une épreuve avec la lettre. Deux pièces.

LEU (Thomas de)

578 — *Henri IV*, roi de France (R.-D., 415). Superbe épreuve du premier état, marge.

579 — Henri IV, roi de France (416). Très rare épreuve du deuxième état, avant le nom du graveur, signé au verso : P. Mariette 1697.

580 — Marie de Médicis, reine de France (R.-D. 452). Superbe épreuve, signée au verso : P. Mariette 1667.

LEU (Th. de), **GAUTIER** et autres

581 — *Henri IV*, roi de France, onze portraits différents, in-8. Belles épreuves.

LEU, GAUTIER, FIRENS, ETC.

582 — *Marie de Médicis*, reine de France. Cinq portraits in-8 différents.

LE VACHEZ

583 — Portraits tirés de la Collection générale des portraits de MM. les députés à l'Assemblée nationale 1789. Seize portraits in-4. Belles épreuves.

LE VACHEZ ET CHAPUY

584 — *Alexandre Ier* Empereur de Russie, in-8, — *Rohan-Guemené* (L.-R.-Ed., prince de), Evêque et prince de Strasbourg, in-4, — *Sully* (Maximilien de Béthume, duc de), in-4. Trois portraits en couleur, d'après Miekov et Brion de la Tour. Belles épreuves.

LINGÉE, CHEVILLET, ETC.

585 — *Lenoir* (J.-Ch.-P.), lieutenant général de police. Trois portraits, d'après Pujos et Greuze, un est double en état différent, quatre pièces. Très belles épreuves.

LOCHON, LOMBARD ET N. POILLY

586 — *Le Tellier* (Jacques), d'après Vaillant, — Gomont (J. de), d'après J. Van Loo, — *Vignerod de Richelieu*, (l'abbé). Trois portraits in-fol. Belles épreuves.

LOMBART (P.)

587 — *Gramont* (Ant. duc de), d'après Vaillant, in-fol. Très belle épreuve, marge.

LONGHI (G.)

588 — La Madeleine dans le désert, d'après Le Corrège. Très belle épreuve.

DE LONGUEIL

589 — Decintrement du pont de Neuilly, d'après E. de Saint-Far. Bonne épreuve.

LOUIS XVI ET MARIE-ANTOINETTE (Portraits et sujets relatifs à)

590 — Adam (J.) Louis XVI, Marie-Antoinette et le Dauphin, — le comte d'Artois, le comte de Provence et le prince de Condé. Deux pièces faisant pendants, gravées à Vienne en 1793, d'après Klein et Callet. Très belles épreuves.

591 — Anonymes. Marie-Antoinette d'Autriche, reine de France in-4, en buste, grande coifure avec plumes et aigrette, en couleur. Très belle épreuve, marge.

592 — Louis XVI, — Marie-Antoinette, roi et reine, in-4, en buste avec entourages ornementés. Deux pièces faisant pendants. Très belles épreuves. Rares.

593 — Louis XVI, Marie-Antoinette et le Dauphin. Trois pièces différentes, in-8, dont deux avant la lettre.

594 — *Louis XVI, Marie-Antoinette.* Dauphin et Dauphine, in-8. Belles épreuves.

595 — Le Masque levé, caricature représentant le Roi debout en costume royal, tenant sa tête dans la main, qui est remplacée par une cruche; on lit en haut : Ah! Le Cruchon. Rare.

596 — Louis XVI, roi d'un peuple libre; dans le fond, la Bastille que l'on démolit, in-fol.

597 — Benoist. *Louis XVI, — Marie-Antoinette,* Dauphin et Dauphine, in-8. Deux pièces faisant pendants. Très belles épreuves.

598 — Briceau. *Louis XVI, Marie-Antoinette,* petits bustes sur des nuages entourés de figures allégoriques, d'après De Lorge, in-fol à la sanguine. Belle épreuve.

599 — Brookshaw (R.). Louis XVI, — Marie-Antoinette. Dauphin et Dauphine. Deux portraits in-fol en manière noire, faisant pendants. Très belles épreuves.

600 — Canu et Payen. Marie-Antoinette, reine de France. Deux portraits en couleur d'après Mme Le Brun et Bose. Très belles épreuves.

LOUIS XVI ET **MARIE-ANTOINETTE** (Portraits et sujets relatifs à)

601 — Cathelin (L.-J.). Marie-Antoinette, reine de France, d'après Drouais. In-fol. Très belle épreuve.

602 — Cathelin. *Marie-Antoinette*, reine de France. In-fol. d'après Fredou. Très belle épreuve avant la lettre, marge.

603 — Cheesman. *Marie-Antoinette*, reine de France. In-8 en bistre. Très belle épreuve.

604 — Cochin (d'après C.-N.). Les Arts rendant hommage à la reine *Marie-Antoinette*, dont le portrait en buste, en haut du sujet, est soutenu par des Amours et autres figures allégoriques, gravé par B.-L. Prevost. In-fol. Très belle épreuve avant la lettre.

604 *bis* — La même estampe. Très belle épreuve, marge.

605 — Croisey (chez). *Marie-Antoinette*, dauphine de France. In-fol. Très belle épreuve.

606 — Demarteau. *Louis XVI*, — *Marie-Antoinette*. Deux portraits in-4, faisant pendants, gravés à la sanguine, d'après Vassé. Très belles épreuves, marges.

607 — Desnos (A Paris, chez). *Louis XVI*, — *Marie-Antoinette*, dauphin et dauphine. Deux portraits in-4, faisant pendants. Très belles épreuves, marges.

608 — Divers. *Madame*, fille de Louis XVI. Six portraits différents. In-8 et in-4. Belles épreuves.

609 — Louis XVI, — Marie-Antoinette et le Dauphin. Six pièces différentes. In-8 et in-4, dont trois avant la lettre. Très belles épreuves.

610 — Louis XVI, Marie-Antoinette et le Dauphin, — Saule pleureur, etc. Quatre pièces in-8. Très belles épreuves.

611 — Marie-Antoinette, reine de France. Cinq portraits différents. In-8. Très belles épreuves. Rares.

LOUIS XVI ET MARIE-ANTOINETTE (Portraits et sujets relatifs à)

612 — Louis XVI et Marie-Antoinette. Treize portraits différents. In-8 et in-4, par Hubert, Nilson, Dupin, Bonnefoix, Jones et Gaucher. Très belles épreuves.

613 — Louis XVI. Treize portraits différents. In-8 et in-fol., par Louvion, Sullin, Mlle Savart, Boizot, etc. Deux sont avant la lettre. Très belles épreuves.

614 — Famille de Louis XVI. Cinq pièces différentes. In-8 et in-4. Belles épreuves.

615 — Saule pleureur avec urne, où sont représentés Louis XVI, Marie-Antoinette, le Dauphin, Madame, Mme Elisabeth. Sept pièces, dont six avant la lettre; un est gravé par Gaucher. Très belles épreuves.

616 — DUPIN. *Louis-Joseph-Xavier-François*, dauphin de France, d'après Desrais. In-4. Belle épreuve, marge.

617 — DUPIN et LE BEAU. *Marie-Antoinette*, reine de France. Deux portraits in-4. Très belles épreuves.

618 — ESNAULT et RAPILLY (chez). *Louis XVI*, — *Marie-Antoinette*, dauphin et dauphine. Deux portraits in-8, faisant pendants. Très belles épreuves, marges.

619 — HENRIQUEZ et ROMANET. Louis XVI, roi de France. Deux portraits différents. In-fol., d'après Duplessis et Boze. Très belles épreuves.

620 — HUBERT. *Louis XVI*, — *Marie-Antoinette*, roi et reine. Deux portraits in-8, faisant pendants. Belles épreuves.

621 — HUBERT et GAUCHER. Louis XVI, — Marie-Antoinette, dauphin et dauphine. Deux portraits in-8, faisant pendants. Belles épreuves.

622 — HUBERT et VOYEZ. Louis XVI, — Marie-Antoinette, roi et reine. Deux portraits in-8. Belles épreuves.

623 — ISABEY (chez). Le Cœur de la nation. Marie-Antoinette tenant le dauphin dans ses bras, est représentée assise en face le buste du roi. In-4. Très belle épreuve, marge.

LOUIS XVI ET MARIE-ANTOINETTE (Portraits et sujets relatifs à)

624 — KEATING. *Louis XVI*, — *Marie-Antoinette*, représentés dans leur prison. Deux portraits in-fol. en couleur, faisant pendants, d'après Singleton et la marquise de Brehan. Très belles épreuves.

625 — LE BEAU. *Marie-Antoinette*, reine de France, d'après Binel. In-fol. Très belle épreuve.

626 — *Marie-Antoinette*, dauphine de France. In-8, d'après Marillier. Très belle épreuve.

627 — Louis XVI, — Marie-Antoinette, roi et reine de France. Deux portraits in-8 faisant pendants. Belles épreuves.

628 — Louis XVI, — Marie-Antoinette, roi et reine. Deux portraits in-8, faisant pendants. Belles épreuves.

629 — LÉBERT. *Louis XVI*, — Marie-Antoinette, dauphin et dauphine. Deux portraits in-8 faisant pendants. Très belles épreuves.

630 — LE MIRE (N.). *Louis XVI*, d'après Duplessis. In-4. Très belle épreuve, marge.

631 — LE VASSEUR (C.). *Marie-Antoinette*, reine de France. In-fol., d'après Kranzinger. Très belle épreuve.

632 — MACRET (C.). Marie-Antoinette, reine de France, d'après Mme Lebrun. In-fol. Deux épreuves avec différence dans le texte ; une est coloriée.

633 — MASSARD (J.). *Louis XVI*, — *Marie-Antoinette*, dauphin et dauphine. Deux portraits in-18, faisant pendants. Très belles épreuves. Rares.

634 — MONDHARE (chez). *Marie-Antoinette*, reine de France. In-fol. Très belle épreuve.

635 — MOREAU (d'après J.-M.). Au Roi, — A la Reine. Deux pièces faisant pendants, où sont représentés en buste les portraits du roi et de la reine, au milieu de figures allégoriques, gravées par Le Mire. Très belles épreuves. L'Épreuve représentant la reine est avant l'adresse.

LOUIS XVI ET MARIE-ANTOINETTE (Portraits et sujets relatifs à)

636 — MURPHY (J.). Marie-Antoinette, représentée assise en costume de veuve, devant le buste du roy. In-fol. en manière noire, d'après la marquise de Brehan. Très belle épreuve.

637 — NEVIANCE (Victoire). *Marie-Antoinette*, reine. Petit buste dans un médaillon entouré d'ornements, servant de frontispice à : Etrennes des saisons ou extrait des plus beaux endroits de tous les poèmes sur les saisons. Paris, Demas, s. d., in-18. Très belle épreuve. Rare.

638 — RUOTTE (L.-CH.). *Marie-Antoinette*, reine de France. In-4 ovale, habillée en bergère, d'après Césarine F... Superbe épreuve, avant la lettre.

639 — Le même portrait. Très belle épreuve.

640 — RUOTTE. Louis XVI, Marie-Antoinette et le Dauphin, d'après Sauvage, in-8, en couleur. Très belle épreuve, avant la lettre.

641 — La même pièce. Très belle épreuve en couleur, marge.

642 — La même pièce. Deux épreuves en noir, avec différence d'adresse d'éditeur.

643 — SAINT-AUBIN (Aug. de). Louis XVI, Marie-Antoinette et le Dauphin, d'après Sauvage, in-8. Superbe épreuve avant la lettre, marge.

644 — La même estampe. Très belle épreuve, marge.

645 — Louis XVI, Marie-Antoinette et le Dauphin, d'après Sauvage, in-4. Superbe épreuve avant toutes lettres, marges, plus une épreuve avec la lettre, d'un tirage postérieur. Deux pièces.

646 — Madame, fille du roi, d'après Sauvage, in-8. Très belle épreuve, marge.

647 — SCHMIDT (Albrecht). Marie-Antoinette, Dauphine de France, in-fol. à cheval ; épreuve coloriée.

LOUIS XVI ET MARIE-ANTOINETTE (Portraits et sujets relatifs à)

648 — TARDIEU (Alexandre). *Marie-Antoinette*, représentée debout en costume de Vestale, d'après Dumont, in-fol. Superbe épreuve avant la lettre.

649 — Le même portrait. Très belle épreuve.

650 — VOYEZ (N.-J.), *Louis XVI*, — *Marie-Antoinette*, roi et reine de France. Deux portraits in-fol. en pied. Très belles épreuves, marges.

651 — VOYEZ. *Louis*, Dauphin de France, d'après Marillier, in-4. Très belle épreuve.

652 — WOLCKH. Louis XVI, — Marie-Antoinette, roi et reine de France, in-fol. Deux portraits faisant pendants, imprimés en rouge. Très belles épreuves.

LOUYS (J.)

653 — *Anne d'Autriche*, reine de France, d'après Rubens. Très belle épreuve, avant le numéro.

LUBIN (J.)

654 — *Humieres* (le maréchal, duc d'), d'après Ferdinand, in-fol. Superbe épreuve avant toutes lettres, plus une épreuve avec la lettre. Deux pièces.

LUCIEN ET GANTREL

655 — *Geminiani* (François-Xavier), d'après Bouchardon, — Orléans (Philippe duc d'). Deux portraits in-fol. Belles épreuves.

MACRET (C.-F.)

656 — Vue de l'explosion du magasin à poudre d'Abbeville, le 2 novembre 1773, d'après Choquet. Très belle épreuve, marge.

MARIETTE (Chez J.)

657 — L'Etat glorieux et florissant de la famille Royalle par le nombre et le mérite des princes et princesses qui la composent. Très belle épreuve.

MARTINI (P.-A.)

658 — Coup d'œil exact de l'arrangement des peintures au Salon du Louvre, en 1785. — Exposition au Salon du Louvre, en 1787. Deux pièces faisant pendants. Très belles épreuves.

MARVYE (d'après)

659 — Balet du prince de Salerne exécuté à Fontainebleau en novembre 1746, gravé par Horeolly. Belle épreuve.

MASQUELIER (J.)

660 — *Rameau*, in-8, en largeur. Très rare épreuve avant la lettre, marge.

661 — *Lulli et Piccini*, représentés en regard l'un de l'autre sur une même planche. Deux très belles épreuves avant la lettre ; une est à l'eau-forte.

662 — Monument à la gloire du Roi et de la France, d'après Touze. Deux épreuves d'état différents, avec changement dans les travaux et dans le médaillon sur la colonne. Très belles épreuves.

MASSARD (J.)

663 — *Gravelot* (Hubert), d'après de la Tour, in-8. Deux épreuves, dont une avant l'adresse de l'auteur.

664 — *Livry* (Nicolas de), d'après L. Toqué, in-fol. Belle épreuve.

MASSON (Antoine)

665 — *Anne d'Autriche*, Reine de France, d'après Mignard (R. D., 11). Très belle épreuve.

MASSON (Antoine)

666 — *Bouillon* (Emmanuel-Théodose de la Tour d'Auvergne, duc d'Albret, cardinal de), d'après Mignard (14). Très belle épreuve.

667 — *Chevreuse* (Ch.-Hon. d'Albret, duc de) (17). — *Forbin de Janson* (Toussaint de), prélat (27). Deux portraits. Très belles épreuves.

668 — Colbert (Jean-Baptiste). Buste fort comme nature (R. D., 18). Bonne épreuve.

669 — Colbert (Jacques-Nicolas), abbé du Bec (19). Très belle épreuve.

670 — *Guise* (Marie de Lorraine, duchesse de), d'après Mignard (32). Superbe épreuve avant le lapin, plus une épreuve avec le lapin. Deux pièces.

671 — *Harcourt* (H. de Lorraine, comte d'), dit le cadet à la perle (R. D., 34). Très belle épreuve.

672 — *Hurlay de Chanvallon* (François de), archevêque de Paris (35). Belle épreuve.

673 — *Lamoignon* (Nicolas de), — *Brisacier* (Guillaume de), d'après Mignard (15). Deux portraits. Belles épreuves.

674 — *Louis XIV*, d'après Le Brun (43). Belle épreuve.

675 — *Louis XIV*, d'après Le Brun (R. D., 44). Belle épreuve.

676 — *Marie-Thérèse d'Autriche*, reine de Erance (R. D., 49). Très belle épreuve.

677 — *Ormesson* (Olivier le Fèvre d') (58). Belle épreuve.

678 — *Roquette* (Gabriel de), évêque d'Autun (63). Belle épreuve.

MATHAM (T.)

679 — *Bavière* (Wolfgang-Guillaume, duc de), d'après J. Spelberger, in-fol. Très belle épreuve.

680 — *Bavière* (Catherine-Charlotte, duchesse de), d'après J. Spilberger. Très belle épreuve.

MELLAN, LASNE ET DARET

681 — *Conty* (Armand de Bourbon, prince de). Trois portraits différents, in-fol. Belles épreuves.

MELLINI ET DUPIN

682 — *Rochefoucault* (Dominique de), cardinal et archevêque de Rouen. Deux portraits différents, in-fol. et in-8, d'après Drouais, un est double avec différence. Trois pièces. Belles épreuves.

MELLING (d'après)

683 — Passage du Roi sur le Pont-Neuf lors de son entrée à Paris, le 3 mai 1814. Gravé par Blanchard, Normand et Peringer. Très belle épreuve.

MERCURY (P.)

684 — Jane Gray, d'après Paul Delaroche. Belle épreuve, sur chine.

685 — *Maintenon* (la marquise de), d'après Petitot. Epreuve avant toutes lettres.

686 — Le même portrait, épreuve avec la bordure.

MERYON (Ch.)

687 — Le Pont-Neuf et la Samaritaine au-dessous de la première arche du Pont au Change, d'après un dessin de Nicolle (19). Très belle épreuve.

688 — Le Pont au Change, vers 1784, d'après un dessin de Nicolle. Très belle épreuve.

MERYON (Ch.)

689 — Ancienne porte du Palais de Justice (33). — La petite Pompe (46). Deux pièces. Belles épreuves.

690 — Armes symboliques de la Ville de Paris (35), — Le Tombeau de Molière (53). Deux pièces. Belles épreuves.

691 — Le Stryge (37). Très belle épreuve avant la lettre.

692 — Le Petit-Pont (38). Très belle épreuve avant la lettre.

693 — L'Arche du pont Notre-Dame (39). Très belle épreuve avant la lettre.

694 — La Galerie de Notre-Dame (40). Très belle épreuve avant la lettre.

695 — La Rue des Mauvais-Garçons (41). Très belle épreuve. Rare.

696 — La Tour de l'Horloge (42). Très belle épreuve avant la lettre.

697 — Tourelle rue de la Tixéranderie, démolie en 1851 (43). Très belle épreuve avec les initiales C. M. dans le haut de la droite et avant l'adresse de Delatre.

698 — Saint-Etienne-du-Mont (44). Très belle épreuve avec les initiales C. M. dans le haut de la droite.

699 — La Pompe Notre-Dame (45). Très belle épreuve avant la lettre.

700 — Le Pont-Neuf (47). Très belle épreuve, avec le nom de Meryon, la date et l'adresse de l'imprimeur, mais avant les vers.

701 — Le Pont au Change (48). Très belle épreuve avant la lettre.

702 — L'Abside de Notre-Dame de Paris (52). Très belle épreuve avant la lettre.

MICHEL (J.-B.)

703 — *Lekain* (Henry-Louis), comédien ordinaire du Roy, d'après Huquier, in-fol. Très belle épreuve.

MIGER ET VANGELISTI

704 — *Lafayette* (M. le marquis de), commandant général de la garde nationale parisienne. Trois portraits différents, in-fol. Très belles épreuves.

MIXELLE

705 — Tableau des principaux peuples de l'Europe, — Tableau des principaux peuples de l'Amérique, — Tableau des découvertes du capitaine Cook et de la Pérouse. Trois pièces en couleur, d'après J.-G. Saint-Sauveur. Très belles épreuves. Rares.

MIXELLE ET LE GRAND

706 — *Arni* (Joseph), grenadier, in-4 en couleur. Deux portraits différents. Belles épreuves.

MOITTE (P.-E.)

707 — *Aranda* (Pierre-Paul-Abarca di Bolea, comte d'), ambassadeur d'Espagne en France, in-fol. Deux très belles épreuves, dont une avant toutes lettres.

708 — *Restout* (Jean), d'après de la Tour, — *Beringhen* (Henri-Camille, marquis de), d'après La Porte. Deux portraits, in-fol. Belles épreuves.

MONDHARE

709 — *Bertinazzi* (Carlin), in-4, en couleur. Très belle épreuve, marge.

710 — *Colombe* (Mlle) l'aînée, de la Comédie italienne, in-4, en couleur. Très belle épreuve, marge.

711 — *Julien* (Mme), de la Comédie italienne, in-4, en couleur. Très belle épreuve, marge.

712 — *Michu*, de la Comédie italienne, in-4, en couleur. Très belle épreuve, marge.

MONDON

713 — Boîte à portrait que le Roi donne aux princes et aux ambassadeurs, in-8 en largeur. Très belle épreuve.

MONET, MONSIAU ET LEBARBIER

714 — Vignettes in-8 et in-4 pour les *Métamorphoses d'Ovide* et les *Œuvres de Rousseau*. Trois pièces. Belles épreuves avant la lettre.

MONSALDY

715 — Le Triomphe des armées françaises. Belle épreuve.

716 — *Dugazon* (Mme), d'après Isabey, in-4, en couleur. Belle épreuve.

MONTCORNET (B.)

717 — *Montespan* (Françoise-Athénaïse de Rochechouart, marquise de), in-4. Belle épreuve.

718 — *Orléans* (Gaston de Bourbon, duc d'). Deux portraits in-fol. équestre. Belles épreuves.

MOREAU (d'après L.-G.)

719 — Vue du Pont de Neuilly, près Paris, gravé par Élise Saugrain. Deux très belles épreuves, dont une avant la dédicace.

MOREAU (J.-M.)

720 — Le Festin royal, — Le Bal masqué. Deux pièces faisant pendants. Très belles épreuves, une est avant la lettre.

721 — *Grétry* (A.-E.-M.), in-4. Très belle épreuve, marge.

MOREAU (d'après J.-M.)

722 — Les Précautions, — N'ayez pas peur, ma bonne amie, Les Adieux, — La Dame du Palais de la Reine, — La Rencontre au bois de Boulogne. Quatre pièces, réductions in-8. Très belles épreuves avec le privilège.

MOREAU (d'après J.-M.)

723 — La Plaine des Sablons. Revue passée par Louis XV des gardes françaises et des gardes suisses, gravé par Malbeste. Superbe épreuve avant la lettre. Les marges sont couvertes d'essais de burin, avec marge, mais doublée.

724 — Hommages rendus à Voltaire sur le Théâtre Français, le 30 mars 1778, après la sixième représentation d'*Irène*, gravé par Gaucher. — La même composition, gravée de plus petit format, par Couché. Épreuve avant la lettre. Deux pièces.

725 — Les Vœux accomplis; buste de la comtesse d'Artois entouré de figures allégoriques, gravé par J.-B. Simonet. Très belle épreuve, marge.

726 — Arrivée de Mirabeau aux Champs-Élysées, par L.-J. Masquelier. Très rare épreuve à l'état d'eau-forte.

727 — *Guillotin* (J.-J.), gravé par B.-L. Prevost, in-8. Très belle épreuve, avec marge.

MOREAU (J.-M.) ET **LE BEAU**

728 — *La Vrillière* (Louis-Philipeaux, duc de). Deux portraits in-8, d'après Hall et Marillier. Belles épreuves.

MOREAU, PICART, PITAU ET AUTRES

729 — *Huet* (Daniel), — *Le Cornier* (Jacques), — *Braque* (Franciscus de), — *Fieubet* (Gaspar de), — *Brunswick* (Christian, duc de), — *Bosch* (C. Vanden), — *Lamoignon* (Christian-François de), — *Enghien* (H.-J. de Bourbon, duc d'). Neuf portraits in-fol. Belles épreuves.

MOREL, 1788

730 — Mme la comtesse de Béthune-Pologne à Glatigny, près de Versailles. Bonne épreuve.

MORET

731 — *Assas* (Louis d'), capitaine au régiment d'Auvergne, d'après Guy de Brie, in-4, en couleur. Deux épreuves, dont une avant toutes lettres. — Le même personnage, gravé par Dupin, in-8. Trois pièces.

MORET ET GAUTIER

732 — Napoléon Ier, empereur, d'après Garneray, — Desault (P.-J.), d'après Kimly. Deux portraits in-fol. en couleur. Très belles épreuves.

MORGHEN (Raphael)

733 — Repos en Égypte, — Le Temps faisant danser les Saisons. Deux pièces, d'après N. Poussin. Belles épreuves.

734 — La Transfiguration, d'après Raphaël. Très belle épreuve.

735 — *Moncada* (Franciscus de), d'après Van Dyck. Belle épreuve.

MORIN (J.)

736 — *Anne d'Autriche*, reine régente de France, d'après Champagne (R. D., 41). Superbe épreuve.

737 — *Bentivoglio* (Gui), cardinal, d'après Ant. Van Dyck (R. D., 13). Superbe épreuve.

738 — *Borromée* (saint Charles), d'après Ph. de Champagne. — Le même personnage, gravé par Le Brun. Deux portraits, in-fol.

739 — Anne-Sophie *Herbert*, comtesse de Carnavon, d'après Van Dyck (56). Superbe épreuve du 1er état, avant que le nom du peintre ait été effacé.

MORIN, MASSON ET GAYWOD

740 — *Lemon* (Marguerite), d'après Van Dyck, — *Maisons* (René de Longueil, seigneur de), d'après Champagne, — *Dupuis* (P.), d'après Mignard. Trois portraits in-fol. Belles épreuves.

MULLER (J.-G.)

741 — *Wille* (J.-G.), d'après Greuze, in-fol. Très belle épreuve.

MULLER, GUNST, KONING et SANDRART

742 — *Isabelle-Claire-Eugénie*, d'après Rubens, — *Marie*, reine d'Angleterre, — *Luther*, — *Brandebourg* (le marquis de). Quatre portraits in-fol. Belles épreuves.

NANTEUIL (R.)

743 — Anne d'Autriche (R. D., 22), — *Loménie de Brienne* (H.-A. de), secrétaire d'État (148), — *Ormesson* (André Le Fèvre d'), conseiller d'État (209). Trois portraits. Belles épreuves.

744 — *Anne d'Autriche*, reine de France (R. D., 23). Très belle épreuve du 1er état.

745 — *Aubray* (Dreux d'), lieutenant civil au Châtelet de Paris (25), — *Castelnau* (Jacques, marquis de), maréchal de France (58). Deux portraits. Belles épreuves.

746 — *Bailleul* (Louis de), président à mortier au Parlement de Paris (R.-D., 27). Très belle épreuve du 2e état.

747 — *Barberin* (Antoine), cardinal, archevêque de Reims (R. D., 29 et 30). Deux portraits. Très belles épreuves.

748 — *Barillon de Morangis* (Antoine), conseiller d'État, intendant des finances (31). Très belle épreuve.

749 — *Belièvre* (Pomponne de), d'après Champagne (R. D., 36). Très belle épreuve du 1er état, en bas est ajoutée la Thèse de théologie présentée par Le Verrier en 1653.

750 — *Belièvre* (Pomponne de), d'après Ph. de Champagne (R. D., 36). Très belle épreuve.

751 — *Benoise* (Charles), conseiller au Parlement de Paris (38). Belle épreuve.

752 — *Blanchart* (François), abbé de Sainte-Geneviève (39). Très belle épreuve du premier état.

NANTEUIL (R.)

753 — *Bosquet* (François), évêque de Montpellier (44). Très belle épreuve.

754 — *Bossuet* (Jacques-Benigne), évêque de Condom, puis de Meaux (R. D., 45). Très belle épreuve du premier état. Rare.

755 — *Bouillon* (Frédéric-Maurice de La Tour d'Auvergne, duc de) (48), — *Bouillon* (Emmanuel-Théodose de La Tour d'Auvergne, cardinal de), buste fort comme nature (52). Belles épreuves.

756 — *Bouillon* (Godefroy-Maurice de La Tour d'Auvergne, duc de), grand chambellan de France (50). Très belle épreuve.

757 — *Bragelogne* (Marie de), veuve de Claude Le Bouthillier, surintendant des finances (57). Deux très belles épreuves des 3e et 4e états.

758 — Chamillard (Guill.), intendant de la généralité de Caen (59), — *Doni d'Attichy*, évêque d'Autun (83), — *La Meilleraye* (Ch. de la Porte, maréchal de) (118. Trois portraits. Belles épreuves.

759 — *Charles Emmanuel II*, duc de Savoye (61), — *Christine*, reine de Suède, d'après Bourdon (67). Deux portraits. Belles épreuves.

760 — *Charles II*, de Gonzague, duc de Mantoue (62). — *Chavigny* (Léon Le Bouthillier, comte de), d'après Champagne (66). Deux portraits. Belles épreuves.

761 — *Clermont-Tonnerre* (François de), évêque de Noyon (R. D., 68). Trois exemplaires, des 1er, 2e et 3e états. Belles épreuves.

762 — *Coislin* (Pierre du Cambout, cardinal de) (69). Très belle épreuve du premier état.

763 — *Colbert* (Jean-Baptiste), contrôleur général des finances (R. D., 71). Superbe et très rare épreuve du premier état.

NANTEUIL (R.)

764 — *Colbert* (Jean-Baptiste) (R. D., 71 et 72). Deux portraits. Belles épreuves.

765 — *Condé* (Louis de Bourbon, IIe du nom, prince de) (79). Très belle épreuve.

766 — *Créqui* (François de Bonne, maréchal de) (81). Très belle épreuve.

767 — *De Sève* (Alexandre), conseiller d'Etat, prévôt des marchands (82). Très belle épreuve.

768 — *Dorieu* (Jean), président en la cour des aides (84), — *Fouquet* (messire Nicolas) (98). Deux portraits. Très belles épreuves.

769 — *Dulieu de Chenevoux* (François-Antoine), maître des comptes (85), — *Dunois* (Jean-Louis-Charles d'Orléans Longueville, comte de) (86). Deux portraits. Très belles épreuves.

770 — *Dupuy* (Pierre), conseiller d'Etat, garde de la Bibliothèque royale (87 et 88). Deux portraits différents. Très belles épreuves.

771 — *Espernon* (Bernard de Foix de la Valette, duc d') (91). 2e et 3e états. Très belles épreuves.

772 — *Feret* (Hippolyte), curé de Saint-Nicolas-du-Chardonneret et grand vicaire de Paris (95). Très belle épreuve du premier état.

773 — *Gillier* (Melchior de), maître d'hôtel du roi (102), — *Gillier* (Mme de) (103). Deux portraits. Très belles épreuves.

774 — *Guebriant* (Jean-Baptiste Budes, comte de), maréchal de France (104). Deux très belles épreuves des 1er et 2 états.

775 — *Guénégaud* (Henri de), marquis de Plancy, secrétaire d'Etat, d'après Champagne (106). 1er et 2e états. Très belles épreuves.

NANTEUIL (R.)

776 — *Harlay de Chanvallon* (François de), archevêque de Paris (107), — *Le Coigneux* (Jacques), président à mortier au Parlement de Paris (125). Deux portraits. Belles épreuves.

777 — *Hesselin* (Louis), conseiller d'Etat, maître de la chambre aux deniers (109 et 110). Deux portraits. Belles épreuves.

778 — *Joly* (Claude), évêque d'Agen (113). Très belle épreuve du 1er état.

779 — *Lallemand* (Pierre), prieur de Sainte-Geneviève (117). 1er et 2e états. Très belles épreuves.

780 — *Lamoignon* (Guillaume de), premier président du Parlement de Paris (119 et 120). Très belles épreuves.

781 — *La Vrillère* (Louis-Phelypeaux de), secrétaire d'Etat (123). Deux belles épreuves des 2e et 3e états.

782 — *Le Boultz* (Noël), conseiller au Parlement de Paris (124). Très belle épreuve.

783 — *Le Masle* (Michel), prieur des Roches (126). Deux belles épreuves des 1er et 2e états.

784 — *Le Tellier* (Michel), ministre d'Etat, puis chancelier et garde des sceaux de France (R. D., 128 et 130). Deux portraits in-fol. Belles épreuves.

785 — Le même personnage (129 et 131). Deux portraits in-fol. Belles épreuves.

786 — Le même personnage (R. D., 132, 135 et 136). Trois portraits in-fol. Très belles épreuves.

787 — *Le Tellier* (Charles-Maurice), archevêque de Reims. Deux portraits différents (R. D., 138 et 139). Très belles épreuves.

788 — *Le Vayer* (François de La Mothe), conseiller d'Etat (143), — Marie-Jeanne-Baptiste de Savoye-Nemours, duchesse de *Savoye* (169). Deux portraits. Très belles épreuves.

NANTEUIL (R.)

789 — *Ligny* (Dominique de), évêque de Meaux (144), — *Mallier du Houssay* (François), évêque de Troyes (167), — *Matignon* (Leonor Goyon de), évêque de Coutances (172). Trois portraits. Très belles épreuves.

790 — *Lionne* (Jules-Paul), abbé de Marmoutier et prieur de Saint-Martin-des-Champs (147). Belle épreuve.

791 — *Louis XIV*, d'après Mignard (R. D., 152,. Belle épreuve du 2e état.

792 — *Louis XIV* (153). 1er et 2e états. Très belles épreuves.

793 — *Louis XIV*, d'après Le Brun. Grande pièce en deux planches pour une Thèse (154).

794 — *Louis XIV* (155). Très belle épreuve du premier état.

795 — Le même portrait. Belle épreuve du 4e état.

796 — *Louis XIV* (156). Très belle épreuve du 3e état, marge.

797 — *Louis XIV* (157). Très belle épreuve.

798 — *Louis XIV* (158). Très belle épreuve du 3e état.

799 — *Louis XIV* (160). Belle épreuve du 3e état.

800 — *Louis XIV* (R. D., 160). Très belle épreuve du 4e état.

801 — *Louis XIV* (162). Belle épreuve.

802 — *Maisons* (René de Longueil, marquis de) (166). Belle épreuve.

803 — *Maupeou* (Jean de), évêque de Chalons-sur-Saône (173). Très belle épreuve.

804 — *Mazarin* (Jules), cardinal, ministre d'Etat (R. D., 174). Deux très belles épreuves des 2e et 3e états.

805 — Le même personnage (175). 1er et second état. Très belles épreuves.

806 — Le même personnage (177). Belle épreuve.

NANTEUIL (R.)

807 — Le même personnage (179). Belle épreuve.

808 — Le même personnage (180). Très belle épreuve du 1er état.

809 — Le même personnage (181). 4e et 5e états. Belles épreuves.

810 — Le même personnage (182 et 183). Deux portraits. Belles épreuves.

811 — Le même personnage (184). Superbe épreuve du 1er état, marge.

812 — *Mazarin* (Jules), dans sa galerie, d'après F. Chauveau (R. D., 185). Grande thèse de philosophie soutenue par Charles-Maurice Le Tellier, le 27 juillet 1659. Grande estampe en deux feuilles. Très belle épreuve.

813 — Le même personnage, assis dans sa galerie (185). Très belle épreuve.

814 — Le même personnage (186). Bonne épreuve.

815 — Le même personnage (187). 1er et 2e états. Belles épreuves.

816 — *Montpezat de Corbon* (Jean de), archevêque de Bourges, puis de Sens (196). Très belle épreuve du 1er état.

817 — *Nemours* (Henri de Savoie, duc de) (R. D., 198 et 199), — *Regnauldin* (Claude), procureur général au grand Conseil (216), — *Retz* (J.-F.-P. de Gondy, cardinal de) (217). Cinq portraits. Belles épreuves.

818 — *Nesmond* (François-Théodore de) (201). Très belle épreuve, plus le même personnage gravé par Mellan. Deux pièces.

819 — *Neufville* (Ferdinand de), évêque de Chartres (204). Très belle épreuve du 1er état, plus une épreuve du 8e.

NANTEUIL (R.)

820 — *Novion* (Nicolas Potier de), premier président au Parlement de Paris (207). Bonne épreuve.

821 — *Péréfixe de Beaumont* (Hardouin de), archevêque de Paris (211 et 213). Deux portraits. Belles épreuves.

822 — *Richelieu* (le cardinal de), d'après Champagne (218). Belle épreuve.

823 — *Scuderi* (Georges de), membre de l'Académie française (221), — *Stenberghen* (Jean-Baptiste), conseiller du Roi au Conseil de Flandre (226). Deux portraits. Belles épreuves.

824 — Servien (François), évêque de Bayeux (225), 1er état. Belle épreuve.

825 — *Talon* (Denis), président à mortier au Parlement de Paris (228-229). Deux portraits. Très belles épreuves.

826 — *Turenne* (Henri de la Tour-d'Auvergne, vicomte de), d'après Champagne (232). Très belle épreuve.

827 — *Louvois* (François-Michel Le Tellier, marquis de), ministre et secrétaire d'État, (R. D., appendice 6). Très belle épreuve.

NATALIS (Michel)

828 — *Bouillon* (Emmanuel-Théodose de la Tour-d'Auvergne, duc d'Albret, cardinal de). Deux portraits différents d'après Mignard, in-fol. Très belles épreuves.

NATTIER (d'après J.-M.)

829 — La Force (Mme de Chateauroux), par Balechou. Belle épreuve.

NÉE

830 — La Chambre de Voltaire à Ferney, d'après Duché. Très belle épreuve avant la lettre, grande marge.

PAROY (Le comte de)

831 — *Lebrun* (Madame), d'après elle-même. Très belle épreuve.

832 — *Polignac* (Mme de), d'après Mme Lebrun. Très belle épreuve, marge.

833 — Buste de La Fontaine entouré des principaux sujets de ses fables. Très belle épreuve.

PARROCEL (d'après)

834 — Halte des gardes françaises, — Halte des gardes suisses. Trois pièces gravées par Le Bas. Belles épreuves.

PASSE (Simon de)

835 — *Christian IV*, roi de Danemark, in-fol. Belle épreuve.

PASSE (Crispin et Simon de)

836 — Planches tirées de l'ouvrage de M. de Pluvinel, le «manège royal ou exercice de monter à cheval.» Soixante-trois pièces. Très belles épreuves.

PATER (d'après)

837 — Les Amants heureux, — L'Amour et le badinage. Deux pièces gravées par Filloeul. Très belles épreuves.

838 — La Belle Bouquetière, par Filloeul. Très rare épreuve avant toutes lettres, à l'état d'eau-forte, marge.

839 — La Belle Bouquetière, — Le Collin-Maillard. Deux pièces gravées par Filloeul. Très belles épreuves.

840 — Le Concert amoureux, — The Birds nest, — Pyramide d'Ailes et de cuisses de poulets, etc. Quatre pièces gravées par du Bosc, Filloeul, Lépicié et Huquier.

841 — Les Divertissements du camp, par G. Scotin. Très rare épreuve avant la lettre, non entièrement terminée.

842 — La même estampe. Épreuve du même état, seulement avant le nom du graveur, on lit : Avec privilège du Roy.

PATER (d'après)

843 — Marche comique, — L'Orchestre de village. Deux pièces gravées par Ravenet, faisant pendants. Très belles épreuves.

PATER (d'après J.-B.) ET VANLOO

844 — Tentes de vivandières du quartier général, — Halte d'officiers, — La Chasse à l'oiseau. Trois pièces gravées par Baudoin et Ravenet. Belles épreuves.

PELHAM ET ARDELL

845 — Rubens (P.-Paul), d'après lui-même, — La femme de Rubens et ses enfants, d'après Rubens. Deux pièces. Très belles épreuves.

PETHER (W.)

846 — La Juive fiancée, d'après Rembrandt. Très belle épreuve.

PETIT

847 — *Bayle*, in-fol. Deux épreuves, dont une avec l'adresse de J. Rollin.

848 — *Gesvres* (François-Joachim Potier, duc de), in-fol. en pied, d'après Vanloo. Deux épreuves, avec différence dans le texte.

849 — *Louis Quinze*, roi de France, in-fol. en pied, d'après Vanloo. Deux épreuves, dans l'une est le roi est représenté jeune, et dans l'autre, la planche est retouchée ; il est plus âgé.

850 — *Marie-Thérèse*, reine de Hongrie et de Bohême, d'après M. de Meytens, in-fol. Très belle épreuve.

PICART (N.)

851 — Le Triomphe de Louis le Juste, roy de France et de Navarre, Belle épreuve.

PICART (Ét.)

852 — *Letellier* (Michel), chancelier de France. Buste fort comme nature, pour haut de thèse de théologie soutenue par Antonius Le Moyne, en 1683. Grande pièce en deux feuilles. Belle épreuve.

853 — Louis XIV, roi de France, d'après Le Brun. Buste fort comme nature. Bonne épreuve.

854 — *Montespan* (Françoise Athenaïste de Rochechouart, marquise de). In-fol. Très belle épreuve.

PIÈCES HISTORIQUES

855 — Fêtes et ceremonies royales, tirées du sacre de Louis XV et du mariage du Dauphin. 1747. Dix sept pièces. Très belles épreuves.

856 — Pièces satiriques, historiques et sur les mœurs du règne de Louis XIII et Louis XIV, — Almanachs, — Thèses, etc. Onze pièces. Très belles épreuves.

PITAU (N.)

857 — *Seguier* (le chancelier), d'après Bourdon. Grande pièce en deux feuilles, pour thèse de philosophie, présentée par Le Maistre. Belle épreuve.

PITAU, MELLAN ET LASNE

858 — *Habert de Montmor* (H. L.). Deux portraits différents, — *Aubray* (Dreux d'), — *Monnerot* (Pierre). Quatre portraits in-fol. Belles épreuves.

PITAU (N.) ET ROULLET

859 — *Voysin* (Daniel), d'après Mignard, — *Pauli* (Alexandre, d'après Le Fèvre, — *Chailliou de Thoisy* (Jean), d'après Gerardin. Trois portraits in-fol. Très belles épreuves.

POILLY (F.)

860 — *Bossuet* (Jacques Benigne), d'après Mignard. In-fol Très belle épreuve.

POILLY (F.)

861 — Louis XIV, roi de France. Grande estampe en deux feuilles, d'après Le Brun, pour thèse de philosophie, présentée par J. B. Colbert de Seignelay, en 1668. Belle épreuve.

862 — Louis XIV, roi de France. Grande estampe en deux feuilles, pour thèse de philosophie, d'après Le Brun. Très belle épreuve.

863 — Louis XIV, roi de France. Grande Estampe en deux planches, d'après Lebrun, pour thèse de philosophie. Très belle épreuve.

864 — ***Mazarin*** (Jules), cardinal, ministre d'État, d'après *Mignard*. In-fol., superbe et très rare épreuve avant les noms des artistes.

865 — *Orléans* (Philippe d'), frère de Louis XIV. Deux portraits différents, d'après Nocret. In-fol. Très belles épreuves, dont une avec grande marge.

866 — *Talon*, d'après Champagne. In-fol. Très belle épreuve.

POILLY (F. ET N.)

867 — *Houdancourt* (la Maréchale de La Mothe), — *Orleans* (Philippe de France, duc d'). Buste fort comme nature. Deux portraits. Belles épreuves.

POILLY (N.)

868 — *Letellier* (Michel). In-fol. Très belle épreuve.

869 — *Louis XIV*, jeune, d'après Mignard. In-fol. Très-belle épreuve.

870 — *Louis XIV*, dans un ovale surmonté d'une couronne. In-fol. Très belle épreuve.

871 — *Louis XIV*, d'après J. P. Georgius. In-fol. Très belle et rare épreuve du 1er état, avant le nom du peintre.

872 — Le même portrait. Très belle épreuve avec le nom.

POILLY (N.)

873 — *Marie-Thérèse* d'Autriche, reine de France, d'après Beaubrun. Buste fort comme nature. Belle épreuve.

874 — *Montpensier* (Mlle de), représentée en Pallas. In-fol. Très belle épreuve. Marge.

PONTIUS (P.)

875 — *Carignan* (François-Thomas de Savoie, prince de), d'après Van Dyck. In-fol. Très belle épreuve. Marge.

876 — *Christine*, reine de Suède. In-fol. Belle épreuve.

877 — *Nassau* (Frédéric Henri, prince d'Orange, comte de), d'après Van-Dyck. In-fol. Très belle épreuve.

878 — *Roelans* (N. V. Jacobus). In-fol. Belle épreuve.

POUSSIN (d'après N.)

879 — Moïse frappant le rocher, par Claudia Stella. Belle épreuve avant la lettre.

880 — Dix-sept pièces de son Œuvre, gravées par Pesne, Loire, Baudet, Audran, il s'y trouve les Sept sacrements, gravées par Pesne, dont deux avant l'adresse d'Audran,

PRUD'HON (P.-P.)

881 — Une Lecture, lithographie originale. Belle épreuve avant la lettre.

882 — Une Famille malheureuse, lithographie par Prudhon. Première épreuve avant les retouches à la plume lithographique sur le montant de la fenêtre.

883 — La même composition, gravures et lithographies, par Normand, Aubry le Comte et Caron. Trois pièces.

PRUD'HON (d'après)

884 — *Talleyrand Périgord* (Charles-Maurice de), gravé par Chapuy. In-4. Très belle épreuve. Marge.

PRUD'HON (d'après)

885 — Aminta, Sylvie et le Satyre. In-8, par Roger. Deux très rares épreuves, imprimées sur une même feuille; une est à l'eau-forte et l'autre avant la lettre.

886 — Cérès cherchant Proserpine, gravé par le baron de Joursanvault, à l'eau-forte, avec un grand nombre de croquis dans les marges de cuivre. Très belle épreuve. Rare.

887 — L'Amour vengé, — La Vengeance de Cérès, — Le Cruel rit de pleurs qu'il fait verser, — L'Amour réduit à la raison. Quatre pièces gravées par Mariage et Copia. Belles épreuves avant la lettre.

888 — Trois pièces doubles des précédentes. Belles épreuves.

889 — L'Enlèvement de Psyché. — L'Amour vainqueur, — L'Amour et l'Amitié, etc. Quatre pièces lithographiées, par Aubry le Comte et J. Boilly.

890 — Enlèvement de Psyché, — La soif de l'or, — Phrosine et Mélidore, — L'Amour, — Daphnis et Chloé.

891 — Innocence et Amour, — Hymen et Bonheur, — Deux pièces faisant pendants, gravées par Villerey. Belles épreuves,

892 — L'Égalité, — La Loi, gravées par Copia, — Minerve alimentant les arts et les sciences, par Mlle Bleuze, etc. Quatre pièces.

893 — L'Amour séduit l'innocence, le plaisir l'entraîne, le repentir suit (59). — L'Innocence préfère l'amour aux richesses. Deux pièces faisant pendants, gravées par B. Roger. Très belles épreuves avant la lettre.

894 — L'Amour caresse avant de blesser, par Roger, — La Caresse, — L'Égratignure, par J. Boilly. Trois pièces.

895 — Constitution française, par Copia. Superbe et rare épreuve avant la lettre; les noms d'artistes tracés à la pointe. Marges.

PRUD'HON (d'après)

896 — Le Triomphe de l'Empereur, par Roger. Très belle épreuve. Marge.

897 — Thémis, — Plafond de Diane au Louvre, — Vénus et Adonis. Trois pièces lithographiées par J. Boilly. Très belles épreuves.

898 — La Justice et la Vengeance divine poursuivant le crime, par B. Roger. Belle épreuve.

899 — La Raison parle et le Plaisir entraîne, — La Vertu aux prises avec le Vice. Deux pièces gravées par Roger. Une est double, en couleur.

900 — La Poésie, — L'Étude, — La Navigation, — Les Arts, — L'Agriculture, — Les Sciences, — L'Industrie, — Le Commerce (90). Suite huit pièces par Prud'hon fils. Très belles épreuves.

901 — Les mêmes figures, lithographiées à trois sujets sur une même feuille, par J. Boilly. Quatre pièces. Épreuves sur chine.

902 — La Fileuse ou Clothon, par Prud'hon fils (96). Belle épreuve.

903 — Jeune femme en buste, un voile sur la tête retombant sur les épaules nues, in-fol., avant toutes lettres.

904 — Les Petits fileurs, — Les Petits dévideurs. Deux pièces lithographiées, par Aubry le Comte.

905 — Trois vignettes grand in-4, gravées par Roger, appartenant à l'édition de Daphnis et Chloë, donnée par Didot en l'an VIII. Superbes épreuves avant la lettre et la pagination dans le haut, marges.

906 — Les mêmes pièces. Belles épreuves avec la pagination.

907 — Suite de quatre gravures in-4, pour illustration de l'Art d'aimer, par Bernard; édition publiée en 1797, par Didot l'aîné. (Phrosine et Mélidor, — Choisir l'objet, — L'Enflammer, — En jouir), gravées par Prud'hon, Beisson et Copia. Très belles et rares épreuves avant la lettre, marges.

PRUD'HON (d'après)

908 — Trois pièces doubles de la suite précédente. Belles épreuves.

909 — Phrosine et Mélidor, par Roger. Belle épreuve avant la lettre, les noms des artistes à la pointe.

910 — Suite de cinq pièces in-8, gravées par Copia, pour l'édition de la *Nouvelle Héloïse*, publiée par Bossange, Masson et Besson. Belles épreuves.

911 — Stellina introduisant Édouard dans la grotte de l'Hospitalité, — Riamir, armé de sa massue, délivrant les prisonniers anglais, — Stellina prosternée aux pieds de l'idole de Cyprès, — Stellina surprise au sortir du bain, par Édouard (la Grotte), — Édouard, comptant son or et séparant les monnaies (la Soif de l'or). Suite de cinq pièces gravés par Roger et Godefroy, pour un roman du prince Lucien Bonaparte. Superbes et très rares épreuves avant la lettre, marges.

912 — La Grotte, par Mlle A. Bleuze, — Daphnis et Chloë, par Roger, — Abrocome et Anzia, par Roger. Trois pièces. Belles épreuves.

913 — La Soif de l'or, par Debucourt. Très belle épreuve, imprimée en bistre, avant la lettre.

914 — Naufrage de Virginie, par Roger, in-8 et in-4. Deux pièces. Belles épreuves.

915 — Apothéose de Racine, gravé par Marais, in-fol. — La même composition, gravée de format in-8, par Leroux. Épreuve avant la lettre. Deux pièces.

916 — Adresse de Merlen, gravée par Roger. Très belle épreuve.

917 — Adresse de la veuve Merlen, gravée par Roger. Belle épreuve.

918 — Vénus et l'Amour, — Léda. Deux pièces de formes ovales, gravées par B. Roger. Très belles épreuves.

PRUD'HON (d'après)

919 — L'Attention, — La Lecture, — Le Dessinateur, — Le Modèle. Suite de quatre pièces gravées par Bourgeois et Noël. Très belles épreuves.

920 — L'Enfance, — Age mur, — Le Désir, — Étude, — Cérès, etc. Sept pièces gravées par Roger, Girard, Cazenave et Prud'hon fils. Très belles épreuves.

921 — La Toilette, lithographiée par Maurin, de deux formats différents. Deux pièces. Très belles épreuves.

922 — Préfecture de la Seine, — Ministère de la police générale, — Préfecture de la Seine-Inférieure, etc. Sept pièces gravées par Roger et autres.

923 — Département de la Seine-Inférieure, — Département de la guerre, etc., etc. Quatorze pièces en tête de lettres, gravées par Roger et autres.

924 — Le Zéphir, gravures et lithographies, par Grevedon Laugier, Roger, Sixdeniers, etc. Six pièces dont deux avant la lettre.

925 — Les Quatre heures du jour, — Les Saisons, etc., lithographiées par J. Boilly. Douze pièces imprimées sur quatre feuilles.

926 — Marguerite, — La Sagesse, — L'Amour, — Joseph, — Le Ministère de la police, — Le Bain, — Une Pensée, etc. Dix pièces gravures et lithographies, par Boilly et Aubry le Comte.

927 — Les Trois Parques, lithographie par A. Colas. Belle épreuve sur chine.

928 — La Poésie, — Les Honneurs, — L'Étude, — L'Agriculture, — La Victoire, — Les Beaux arts. Suite de cinq pièces sans nom de graveurs. Très belles épreuves.

929 — L'Étude guidant l'essor du génie, par A. Chaponnier. — La même composition lithographiée par Aubry le Comte et Prud'homme. Trois pièces.

PRUD'HON (d'après)

930 — Triomphe de Vénus, — Apollon et les Muses, etc. Huit pièces lithographiées par J. Boilly.

931 — Les Vendanges, lithographie par Aubry le Comte. Épreuve sur chine.

932 — Enlèvement de Psyché. Deux épreuves avant toutes lettres, une n'est pas entièrement terminée.

933 — A la mémoire de Prud'hon, figure de son dernier tableau, par de Boisfremont, gravée par Soinard. Deux très belles épreuves, dont une avant la lettre.

PRUD'HON (d'après P.-P.) ?

934 — Sénat conservateur, — Bonaparte, premier consul de la République, en-tête de lettres. Trois pièces gravées par Roger. Très belles épreuves avant la lettre.

PUNT (J.)

935 — Pygmalion, d'après Vander Myn. Belle épreuve.

QUENEDEY ET CHRÉTIEN

936 — Portraits dessinés au physionotrace, par Quenedey et Chrétien. Prêtres, médecins, musiciens, militaires. Portraits d'hommes et de femmes de l'époque de la Révolution et de l'Empire. Portraits étrangers, etc. 1,425 pièces. Collection très rare à rencontrer aussi nombreuse. Les épreuves sont très belles et portent toutes les noms des personnages.

937 — Portraits de la même collection, aussi avec les noms. Vingt-cinq pièces. Très belles épreuves.

QUÉVERDO (d'après J.-M.)

938 — Scènes du *Déserteur*, opéra comique de Monsigny. Deux pièces gravées par Dambrun. Très belles épreuves, grandes marges.

QUÉVERDO ET LE BRUN (d'après)

939 — Les Aveux sincères ou les Accords de mariage, — La Toilette de la mariée, — Le Jour désiré, — Le Couché de la mariée, — Le Levé de la mariée. Suite de quatre pièces gravées par Dambrun, Martin et Patas. Très belles épreuves.

REINSPELGER (J.-C.)

940 — *Marie-Thérèse*, reine de Hongrie et de Bohême, d'après Liotard, in-fol. Très belle épreuve.

RÉVOLUTION (PIÈCES RELATIVES A LA)

941 — *Albane*. Banquet civique donné par les gardes nationales de Lille aux troupes de la garnison, le 27 et 28 juin 1790, — Fédération des départements du Nord, du Pas-de-Calais et de la Somme, qui a eu lieu à Lille le 6 juin 1790, entre les gardes nationales et les troupes de ligne. Deux pièces faisant pendants. Belles épreuves.

942 — ANONYME. Deuxième conciliabule des vénérables Pères communicants, dont l'ouverture s'est faite le 29 juin ou 10 messidor an IX, et la clôture le 16 août ou 28 thermidor suivant. En l'église de Notre-Dame de Paris. Rare. Coloriée.

943 — Plantation d'un arbre de liberté, — Procession de citoyens, — Scène révolutionnaire représentant des cadavres qu'on charge dans des tombereaux. Trois pièces en couleur. Très rares.

944 — Soirée du 30 juin 1789, dédiée à l'assemblée du Palais-Royal. Belle épreuve. Rare.

945 — Le Temple, vue du côté des jardins, in-fol. de forme ovale. Très belle épreuve.

946 — Arrestation du roi et sa famille désertant le royaume à Varennes. Pièces gravée à l'eau-forte. Très belle épreuve. Rare.

RÉVOLUTION (Pièces relatives a la)

947 — Charlotte Corday poignardant Marat dans son bain, — Charlotte Corday écrivant à son père. Deux petites pièces de forme ronde, faisant pendant, coloriées. Très belles épreuves avec marges. Rares.

948 — Le Calculateur patriote. Deux épreuves, — Saute Marquis... et toi Hipocrite. Trois pièces.

949 — Camp fédératif de Lyon, tenu le 20 mai 1790. Belle épreuve d'une pièce rare.

950 — Confédération de Lille, le 6 juin 1790. — Affreuse vengeance d'un particulier de Senlis, qui a fait périr plus de soixante personnes. Deux compositions sur ce sujet. Trois pièces.

951 — Les Grenouilles qui demandent un Roi, — La Contre-Révolution ne serait-elle qu'une caricature, — Refrains patriotiques et sujets relatifs aux trois ordres. Huit pièces.

952 — Enjambée de la sainte famille des Thuilleries à Montmédy, — Trait de l'Histoire de France du 21 au 25 juin 1791, ou la métamorphose. Deux pièces in-fol. en largeur, relatives à Louis XVI et Marie-Antoinette, coloriées. Rares.

953 — L'Enjambée impériale, caricature sur l'Impératrice de Russie, en couleur. Rare.

954 — La Contre-Révolution, — Envoi d'un supplément d'armée au ci-devant Prince de Condé par MM. les noirs ou du cul-de-sac. Deux pièces in-fol. en largeur, publiées en 1791.

955 — Revue du général Fayence, contre-révolutionnaire, — Les morts sont égaux, ce n'est pas la naissance, c'est la seule vertu qui fait la différence, — Les grandes menaces du Commerce. Trois pièces in-fol. en largeur, coloriées, publiées vers 1793 et 1794.

RÉVOLUTION (Pièces relatives a la)

956 — L'Attaque de la Constitution, — Grande armée du ci-devant Prince de Condé, — L'Offrande du Vatican ou des Princes. Trois pièces in-fol. en largeur, coloriées, publiées en 1791.

957 — Les Pèlerins de Saint-Jacques, — La Mascarade. Deux pièces in-fol. en largeur, coloriées, publiées en 1791.

958 — Le Conseil électoral, — Grand Conseil des Emigrans. Deux pièces in-fol. en largeur, coloriées, publiées en 1791.

959 — Marche du Dom Quichotte moderne pour la défense du moulin des Abus, — Envoi d'un supplément d'armée au ci-devant Prince de Condé, par MM. les noirs ou du cul de-sac, — Le Soleil au signe du capricorne, — Le Charlatan politique ou le Léopard apprivoisé. Quatre pièces in-fol. en largeur, coloriées. Très belles épreuves.

960 — Congrès des rois coalisés, ou les tyrans (découronnés), in-fol. en largeur. Belle épreuve.

961 — Aubert (L.). Déclaration des Droits de l'homme et du citoyen, d'après de Machy, in-fol. en couleur. Belle épreuve.

962 — Basset (chez). Prise de la Bastille, pièce imprimée en bistre. Belle épreuve.

963 — Mort de Louis Capet, seizième du nom, le 21 janvier 1793. Pièce très curieuse, coloriée, considérée comme une des plus exactes sur cet événement.

964 — Crepy (chez). La Journée à jamais mémorable aux français, ou Louis XVI restaurateur de la liberté française se rendit à l'Hôtel de Ville le 17 du mois de juillet 1789. Très belle épreuve, avec marge. Rare.

965 — Divers. Fédération des Français le 14 juillet 1790. Six pièces sur cette fête, par Meunier, Berthault et Gentot. Très belles épreuves.

RÉVOLUTION (Pièces relatives a la)

966 — Divers. Geoffroy arrête Amiral, assassin de Collot d'Herbois, — Cupidon, tambour-major national, — Générosité de Catherine Defoy, — Courage et humanité du capitaine Soyer, etc. Six pièces. Belles épreuves

967 — Duplessis. La Révolution française arrivée sous le règne de Louis XVI, le 14 juillet 1789, — A la Nation française, les protestants reconnaissants. Deux grandes pièces allégoriques avec légende en bas, publiées vers 1790.

968 — Guyot. Arrivée du Roy à Paris le 6 octobre 1789. Petite pièce de forme ovale. Très belle épreuve.

969 — Jukes. Arrival of the princess Maria Theresa Charlotte Daughter of Lewis XVI at Basle, 26 décembre 1795. Pièce publiée par de Mechel. Belle épreuve.

970 — Legrand. Mariage républicain. Très belle épreuve, marge.

971 — Roger. Vues de la Bastille. Deux médaillons sur une même feuille, — Prise de la Bastille, le 14 juillet 1789. Trois sujets d'après Pernot, en couleur. Très belles épreuves.

972 — Schiavonetti et Aligrandi. Mort de Jean-Paul Marat. Deux gravures, d'après Pellegrini. Belles épreuves.

973 — Wels (J.). Prise de la Bastille, le 14 juillet 1789. Grande pièce en couleur, publiée à Londres en 1789. Très belle épreuve. Rare.

REYNOLDS (d'après S. J.)

974 — *Manners, Marquis de Granby* (John), par Watson, in-fol. en manière noire. Très belle épreuve.

975 — *Orléans* (Louis-Philippe-Joseph, duc d'), par Smith, — *Tarleton* (Lt. Col.), par Smith. Deux portraits in-fol. en pied. Belles épreuves.

976 — *Parker* (Mrs), par Watson, in-fol. en pied. Superbe épreuve.

REYNOLDS (d'après S. J.)

977 — John Earl of Rothes, par J.-M. Ardelle, in-fol. Belle épreuve.

REYNOLDS (S. W.)

978 — *Grassini* (Madame), dans le rôle de Zaïre, in-fol. en couleur, d'après Mme Lebrun. Très belle épreuve, marge.

RIGAUD (J.)

979 — Veue du cours de Marseille, — Veue de l'Hôtel de Ville de Marseille, et d'une partie de son port, dessinées sur le lieu pendant la peste arrivée en 1720. Deux pièces. Belles épreuves.

ROCHEFORT

980 — *Villars* (Louis-Hector, duc de), Pair et Maréchal de France, in-fol. Très belle épreuve, marge.

ROMANET (A.)

981 — *Dubus de Preville* (Pierre-Louis), comédien français, in-fol. Très belle épreuve, marge.

ROULLET ET PICART

982 — *Beringhem* (Henry, Marquis de), d'après Mignard. — *Lamoignon de Basville* (Nicolas de). Deux portraits in-fol. Belles épreuves.

ROUSSELET (Eg.)

983 — *Louis XIV*, roi de France. Grand portrait équestre en deux planches. Belle épreuve.

984 — Le Grand *Dauphin*, fils de Louis XIV. Grande estampe en deux planches pour thèse de philosophie. Belle épreuve.

985 — *Richelieu* (le cardinal de), grande estampe en deux planches, d'après Vignion, pour thèse de philosophie. Belle épreuve.

ROUSSELET (Eg.)

986 — Triomphe de Louis XIV, grande pièce en deux planches pour une thèse. Deux épreuves d'états différents, dans l'une, avant l'inscription, le roi est représenté enfant. La seconde porte des inscriptions et le roi est plus âgé.

ROWLANDSON

987 — The assaut of fencing, Match which Look place at Carlton House, on the 9th of april 1787 between Mademoiselle La Chevalière d'Eon de Beaumont, and Monsieur de saint George, in-fol. en couleur. Belle épreuve.

RUBENS (d'après P.-P.)

988 — La Résurrection de Lazare, — La Visitation. Deux pièces gravées par B. Bolswert et P. de Jode. Belles épreuves.

SAINT-AUBIN (d'après G. de)

989 — Le Ballet, — La Guinguette. Deux pièces faisant pendants, gravées par Basan. Belles épreuves.

SAINT-AUBIN (Aug. de)

990 — Adreune Sphie Marquise de *** in-fol. Belle épreuve.

991 — Inauguration de la statue de Louis XV, d'après Gravelot. Superbe épreuve avant la lettre, marge.

SAINT-AUBIN (d'après Aug. de)

992 — Mes gens, ou les commissionnaires ultramontains. Suite de huit pièces dont un titre (E. B.). Superbes et très rares épreuves avant toutes lettres.

993 — *Beaumarchais* (P.-A. Caron de), d'après Cochin. Très rare épreuve à l'état d'eau-forte.

994 — Le même portrait. Très belle épreuve, marge.

995 — *Cochin* (C.-N.), d'après lui-même. Deux très belles épreuves, dont une avant la lettre.

SAINT-AUBIN (d'après Aug. de)

996 — *Conti* (fortunée Marie d'Este, Princesse de), d'après le recto d'une médaille, en regard sur la même feuille est représenté le verso de la même médaille. Très belle épreuve.

997 — Louis XII, Henri IV et Louis XVI, représentés en buste dans un médaillon, d'après Sauvage, in-8. Très belle épreuve avant la lettre, marge.

998 — *Sully* (J.-B.), d'après Cochin, in-4. Rare épreuve à l'état d'eau-forte, plus une épreuve avec la lettre.

999 — *Montalembert* (Marc-René de), d'après de La Tour, in-4. Très belle épreuve.

SAINT-JEAN (J.-D. de)

1000 — La Reine *Marie-Thérèse*, in-fol. Belle épreuve.

SAINT-QUENTIN (d'après)

1001 — Les Garants de la félicité publique, par Masquelier, superbe épreuve avant la lettre, plus une épreuve avec la lettre. Deux pièces.

SAVART (P.)

1002 — Bayle (Pierre), *Condé* (Louis de Bourbon, prince de), d'après le Juste. Deux portraits in-8. Belles épreuves.

1003 — *Deshoulières* (Antoinette de La Garde), d'après Mlle Cheron, — *Fénelon*, d'après Rigaud. Trois portraits in-8. Belles épreuves.

1004 — *Louis le Grand*, d'après Rigaud, 2e état, — *Racine* (Jean). Deux portraits in-8. Belles épreuves.

SAVART et F. CHÉREAU

1005 — *Boileau Despréaux* (Nicolas). Deux portraits différents d'après Rigaud, in-8 et in-4. Belles épreuves.

SCHMIDT (G.-F.)

1006 — Le Prince d'Orange Guillaume second, à qui Cats explique un trait de l'histoire de ses ancêtres, d'après Flinck. Très belle épreuve.

1007 — *Caylus* (Charles Gabriel de Tubières de), évêque d'Auxerre, d'après Fontaine, in-fol. Très belle épreuve.

1008 — *Esterhasi* (Nicolas), d'après L. Tocqué, in-fol. Belle épreuve, marge.

1009 — *Savoie* (François Eugène, prince de), in-8. Belle épreuve

SCHMIDT ET VERMEULEN

1010 — *Mignard* (P.) Deux portraits différents, d'après Rigaud. Belles épreuves.

SCHUPPEN (P. Van)

1011 — *Arnauld* (la Mère Marie Angélique), d'après Champagne, in-fol. Belle épreuve.

1012 — Le Pape *Alexandre neuf*, d'après Mignard, — *Despont*. (Philippus). Deux portraits, in-fol. Très belles épreuves.

1013 — *Borri* (J.-F.), d'après Ovens, — *Le Camus* (Nicolas). Deux portraits in-fol. Belles épreuves.

1014 — *Bourlemont* (Charles d'Anglure de), d'après Ferdinand, — *Le Camus* (Nicolas). Deux portraits in-fol. Très belles épreuves.

1015 — *Lamoignon* (Chr. Fran. de), d'après G. le Seve, in-fol. Superbe épreuve du 1er état, avec la date de 1675, et la dédicace à G. le Roy. — Le même, 2me état avec la date de 1680 et dédicace à R. de la Vacquerie.

1016 — *La Reynie* (G. Nic. de), d'après P. Mignard, in-fol. Très belle épreuve.

1017 — *Louis XIV*, d'après Vaillant, 1660, in-fol. Très belle épreuve

SCHUPPEN (P. Van)

1018 — *Louis XIV*, d'après le Brun, 1666, in-fol. Très belle épreuve.

1019 — *Louis XIV*, buste fort comme nature, d'après Mignard, 1672. Belle épreuve.

1020 — Louis XIV, roi de France, 1681, buste fort comme nature, d'après Nanteuil, Très belle épreuve.

1021 — Louis XIV, roi de France, 1687, buste fort comme nature. d'après Ferdinand Vouet. Très belle épreuve

1022 — *Mazarin* (Jules) cardinal ministre d'État, d'après Mignard, in-fol. Très belle épreuve.

1023 — *Montpensier* (Anne Marie Louise d'Orléans, duchesse de), d'après Nocret, in-fol. Superbe épreuve.

1024 — *Moranville* (Charles de Houel, baron de), d'après van Mol, — *Simianes de Gordes* (L.-M.-A), d'après Le Fèvre. Deux portraits in-fol. Très belles épreuves.

1025 — *Vincent de Paul* (Saint), in-fol. Belle épreuve, marge.

1026 — *Le Maistre de Sacy* (Isaac Louys), in-fol. Belle épreuve.

SCHUPPEN et EDELINCK

1027 — *Marca* (Pierre de), archevesque de Paris. Deux portraits différents, — *Pascal* (Blaise). Trois portraits in-fol. Très belles épreuves.

SCHUPPEN et NANTEUIL

1028 — *Godet* (Henri), sieur des Bordes, — *Bartillat* (Étienne Jehannot de). Deux portraits in-fol. Belles épreuves.

SCHUPPEN (P. Van) et ROUSSELET

1029 — *Louis XIV*. Deux portraits in-fol. Belles épreuves.

SERGENT (A.)

1030 — Expérience du Globe Aerostatique de MM. Charles et Robert, faite dans le jardin des Thuilleries, le 1er décembre 1783, — Mgr le duc de Chartres et M. le duc de Fitz Jame signent le procès verbal qui constate l'arrivée de MM. Charles et Robert dans la prairie de Nesle. Deux pièces faisant pendants. Très belles épreuves, marges.

SILVESTRE (Israel)

1031 — Archevêché (79), — Veue de l'arcenal (80), — Les Augustins (81 — 1 et 3). Quatre pièces.

1032 — La Bastille (82, 1, 2, 3 et 4). Belles épreuves.

1033 — Bernardins (82), — Bons-hommes (84, 1, 3), — Les Carmes (85), — Carmélites (86), — Chailliot (87), — Le Châtelet (88), — Cimetierre des Innocents (89). Huit pièces.

1034 — Le cours la Reine (91), — Les feuillans (92), — Filles de l'Annonciate (93), — Filles de Sainte-Marie (94), — Filles du mont Calvaire (95), — Hôpital Saint-Louis (97). Six pièces.

1035 — Hotel d'Angoulême (98), — Hotel d'Aumont (99), — Hotel-Dieu (101), — Hotel de Nevers (103, 1 et 2), — La Tour de Nesle (159, 1 et 3), — Hotel Saint-Paul (104), — Hotel de Soissons (105, 1 et 2). Dix pièces.

1036 — Hotel de Sully (106, 1 et 2), — Hotel de Vendôme (107), — Hotel de Ville (108, 1 et 2), — Ile Louviers (109), — Ile Notre-Dame (110, 1 et 2), — Jésuites (11, 3). Neuf pièces.

1037 — Le Louvre (115). Dix pièces.

1038 — Palais d'Orléans (117). Dix pièces.

1039 — Maison de M. de Bretonvilliers (119, 1 et 3), — Maison de M. le Coigneux (120, — Maison du premier président (123), — Église de la Mercy (124), — Notre-Dame (125, 1 et 2), — Palais-Royal (127, 1 et 2). Dix pièces.

SILVESTRE (ISRAEL)

1040 — Quai des Augustins (140), — Les Quinze-Vingts (42), Sainte Chapelle (145), — Saint-Denis de la Châtre (146), — Sainte-Élisabelh (147), — Saint Germain-des-Prés (150, 1 et 2), — Saint-Laurent (151), — Saint-Sauveur (153), Saint-Victor (155), — La Sorbonne (158, 3 et 4). Douze pièces.

1041 — Le Temple (158, 1, 2, 3, 4), — La Tour de Nesle (159, 2), — Les Tuileries (161), — Le Val-de-Grâce (162). Dix-sept pièces.

1042 — Ancy-le-Franc (165, 2, 3, 4, 5 et 6), — Auteuil (169), — Avignon (170, 2, 3, 4 et 5). Dix pièces.

1043 — Berny (173, 1 et 2), — Blerancourt (174, 1, 2), — Bourbon l'Archambault (178), — Breves (180), — Bury (182, 1 et 2), — Chantemesle (185). Dix pièces.

1044 — Chantilly (187, 1, 2), — Charenton (189, 1, 2), — Chavigny (193), — Clermont en Dauphiné (196), — Clermont en Picardie (197), — Clichy la Garenne (199), — Clairvaux (198), — Coulommiers en Brie (203, 1 et 2), — Courance en Gastinois (204, 1 et 2). Treize pièces.

1045 — Dijon (209, 1). Grande pièce en deux feuilles.

1046 — Croissy (206, 1 et 2), — Dijon (209. 2), — Ecouen 210, 1 et 2), — Fleville (215). Dix pièces.

1047 — Fontainebleau (216). Dix-sept pièces.

1048 — Fremont (218, 1 et 2), — Fresnes (219, 1 et 2), — Gaillon (220). Quatre pièces, — Grenoble (222), — Grignon (223), — Gros-Bois (224). Dix-neuf pièces.

1049 — Liencourt (230). Vingt pièces.

1050 — Vues de Lorraine (232). Dix pièces.

1051 — Lusigny (233, 1, 2, 3, 4). Quatre pièces.

1052 — Vues de Lyon (234). Vingt-deux pièces.

SILVESTRE (Israel)

1053 — Mâcon (235), — Maisons (237), — Marseille (244), — Melun (248, 2), — Meudon (250), — Meulan (251), — Moineville (252), — Montpellier (259), — Moulins (261), Notre-Dame-des-Vertus (266). Seize pièces.

1054 — Pacy (271-1-2), — Pont en Champagne (275), — Reims (280-1-2), — Richelieu (281-1-2-3-4), — Le Rincy (282-1-2-3). Dix-sept pièces.

1055 — Rouen (286-2-3-4-5-6-7-8). Sept pièces. Rares.

1056 — Ruel (287). Seize pièces.

1057 — Saint-Cloud (289). Onze pièces.

1058 — Saint-Germain-en-Laye (292). Douze pièces.

1059 — Tonnerre (306), Vaux, Verneuil, etc. Vingt pièces.

1060 — Vues d'Italie. Soixante pièces.

SIMON (P.)

1061 — *Condé* (Louis de Bourbon, 11me du nom, Prince de) Buste fait comme nature. Très belle épreuve.

1062 — *Le Fèvre d'Ormesson* (Olivier) buste fort nature. Belle épreuve.

1063 — *Louis XIV*, buste plus fort que nature, de forme carrée. Très rare épreuve du premier état, avec vers en bas et avant le nom du graveur.

1064 — Le même portrait, superbe épreuve du 2e état, le portrait mis de forme ovale, au moyen d'une bordure ornementée, dans le haut, des attributs et trophées.

1065 — *Louis XIV*, d'après Le Brun. Buste fort comme nature. Belle épreuve.

1066 — *Louis*, Dauphin, fils de Louis XIV. Buste fort comme nature. Très belle épreuve.

SIMON (P.)

1067 — *Christine-Victoire* de Bavière, Dauphine de France. Buste fort comme nature. Très belle épreuve.

1068 — *Mantpensier* (Anne-Marie-Louise d'Orléans, duchesse de). Buste fort comme nature. Très belle épreuve.

SIMON, SIMONNEAU ET POILLY

1069 — *Rospigliosi* (le cardinal), — *Lomenie de Brienne* (Ch.-Fr. de), — *Orléans* (Gaston, duc d'). Trois portraits in-fol. Belles épreuves.

SMITH (J.)

1070 — *King* (M^rs^), d'après Hamilton. In-fol. en manière noire. Belle épreuve.

1071 — *Knipe* (Thomas), — *Malborough* (la duchesse de), — *Worster* (Henri), — *Bromley* (William). Quatre portraits in-4 et in-fol., en manière noire. Belles épreuves.

1072 — *Warner* (Mrs Ann.), d'après Largillière, in-fol., en manière noire. Très belle épreuve.

SMITH, WATSON ET ARDELL

1073 — Grevil-Verney (M^r^), — *Douglas* (lady Mary), — *Marie*, reine d'Angleterre, — *Sefton* (comtesse de), — *Sackville* (lord Georges). Six portraits in-fol., en manière noire. Très belles épreuves.

SMITH (d'après J.-R.)

1074 — A lecture on Gadding, par Bartoloti. — The Moralist, par W. Nutter. Deux pièces. Très belles épreuves.

SOMPEL (P. VAN)

1075 — *Orléans* (Marguerite de Lorraine, première femme de Gaston d'), d'après Van-Dyck. In-fol. Belle épreuve avant le numéro.

SOUTMAN (P.)

1076 — *Nassau* (Jean-Maurice de). In-fol. Très belle épreuve.

STRANGE (Robert)

1077 — Charles Ier, roi d'Angleterre, debout près de son cheval. — Henriette Marie, reine d'Angleterre, avec ses enfants. Deux portraits faisant pendants, d'après Van Dyck. Belles épreuves.

1078 — Les enfants de Charles Ier, d'après Van Dyck. Très belle épreuve.

SUYDERHOEF (J.)

1079 — *Albert*, Archiduc d'Autriche, d'après Rubens et Soutman. In-fol. Belle épreuve avant le numéro.

TARAVAL (G.)

1080 — Vue et perspective d'un monument projetté à la gloire de Louis XVI, en mémoire du rétablissement de l'ancienne magistrature, d'après Davy de Chevigné. Belle épreuve.

TARDIEU (J.)

1081 — *Lafont* (Mlle Sophie-Louise Wilhelmine de), d'après De la Pierre. In-fol. Très belle épreuve. Rare.

1082 — *Leczinska* (Marie), reine de France, d'après Nattier. In-fol. — *Audibert de Lussan* (L.-J.), d'après Restout. In-fol. Deux portraits. Belles épreuves.

1083 — *Oudry* (Jean-Baptiste), d'après Largillière. In-fol. Très belle épreuve, marge.

THOMASSIN (S.)

1084 — L'Auguste famille de Monseigneur le Dauphin, d'après Mignard. Très belle épreuve.

1085 — Louis XV, portrait équestre, d'après Vanloo et Parrocel. Belle épreuve.

THOMASSIN ET BOUTTATS

1086 — *Louis XIV*. Deux portraits in-fol, d'après Rigaud et N. Visscher. Belles épreuves.

TILLIARD (J.B.)

1087 — Le Roi *Louis XV* s'occupant des sciences, d'après J.-B. le Prince. In-4. Deux épreuves, dont une à l'état d'eau-forte.

1088 — *Pernetti* (Jacques), historiographe de la ville de Lyon. Deux très belles épreuves, avec les inscriptions différentes.

TOPOGRAPHIE

1089 — Sous ce numéro, il sera vendu par lots un portefeuille renfermant des plans de Paris et vues de ses principaux monuments.

TOUZÉ (d'après J.-L.)

1090 — Tableau magique de Zemire et Azor. Deux compositions gravées par Voyez le jeune et Elluin. Belles épreuves.

TRINQUESSE (d'après L.)

1091 — L'Irresolution ou la confidence, par J.-A. Pierron. Belle épreuve.

TROUVAIN ET N. BAZIN

1092 — *Louis*, Dauphin, fils de Louis XIV. Deux portraits différents, dont un équestre. Très belles épreuves.

TROUVAIN, CHÉREAU, MIGER ET TARDIEU

1093 — *Houasse* (R.-Ant.), d'après Tortebat, — Pécourt (Louis), d'après Tournières. — *Gluck*, d'après Duplessis, — *Le Camus* (Nicolas), d'après Rigaud. Quatre portraits in-fol. Très belle épreuve.

TROUVAIN, VERMEULEN ET POILLY

1094 — *Du Buc* (dom Alexis), d'après P. Simon, — *Bertin* (Pierre-Vincent), d'après Largillière, — *Monteil de Grignan* (F.-A.). Trois portraits in-fol., un est double. Quatre pièces.

VALLET ET DE LA MARRE

1095 — *Favre* (Nicolas), d'après Paillet, — *Le Boux* (G.), évêque de Dax. — *Matignon* (J. de), évêque de Condom. Trois portraits in-fol. Belles épreuves.

VALLET, BOULANGER ET AUTRES

1096 — *Noailles* (L.-Ant. de), abbé, d'après Paillet, — *Le Tellier* (Michel), — *Seguier* (Dominique), évêque, etc. Quatre portraits in-fol. Belles épreuves.

VANGELISTI

1097 — *Richelieu* (le Maréchal de), d'après Gault de Saint-Germain. In-fol. en pied. Très belle épreuve.

1098 — *Vergennes* (Charles-Gravier, comte de), d'après Callet. In-fol. Belle épreuve.

VANHECK (A Paris, chez)

1099 — Promenade du roi Louis-Quinze dans le jardin des Tuileries. Grande pièce en trois planches. Bonne épreuve.

VAN HULLE (d'après)

1100 — *Longueville* (Anne de Bourbon, duchesse de). In-fol. Belle épreuve, marge.

VARIN FRÈRES

1101 — Fêtes publiques données à Reims à l'occasion de l'inauguration de la statue du roy, à Reims, 26 août 1765. Trois pièces d'après Blarenberghe. Très belles épreuves.

VÉRITÉ

1102 — *Marat* (J.-P.), in-fol. Belle épreuve.

VERMEULEN (C.)

1103 — *Montpensier* (Anne-Marie-Louise d'Oorléans, duchesse de), d'après Largillière, in-fol. Belle épreuve.

VERNET (L.)

1104 — Les Cris de Paris, dessinés d'après nature, par C. Vernet. A Paris, chez Delpech. Suite de cent pièces en 1 vol. in-fol cartonné.

VERNET (d'après C.)

1105 — Arrivée des remplaçans, — Départ des remplacés. Deux pièces faisant pendants. Très belles épreuves. Rares.

1106 — Les Ennuyés chez eux, intérieur du café Procope. Très belle épreuve avant la lettre, marge.

1107 — Les Gastronomes sans argent, — Les Gastronomes en jouissance. Deux pièces gravées par Coqueret et Commarieux. Belles épreuves.

1108 — La Vielleuse, par Schenker, en couleur. Très belle épreuve.

1109 — Costumes modernes français et anglais, par Levachez. Très belle épreuve, marge.

VIGNETTES

1110 — Desenne (d'après). Treize gravures, in-12, gravées par Girardet pour les œuvres de Racine, publiées dans la Bibliothèque française. Très belles épreuves avant la lettre.

1111 — Garnier (d'après). Treize gravures, in-8, dont un portrait gravé par Saint-Aubin pour les Œuvres de Racine. Édition de Le Normant, 1808. Superbes épreuves avant la lettre, non rognées.

1112 — Gravelot (d'après). Suite complète de trente-cinq gravures in-8, pour les œuvres de Corneille, édition de 1764. Très belles épreuves avec la bordure, non rognées.

VIGNETTES

1113 — Marillier (d'après). Vingt-quatre gravures in-8 et portrait gravé par Hubert, d'après Vivien, pour Télémaque. Très belles épreuves, toutes marges.

1114 — Moreau (d'après). Suite complète de trente gravures in-8 pour les Œuvres de Molière, publiées par Renouard. Très belles épreuves avant la lettre.

1115 — Moreau (d'après). Suite complète de vingt-six gravures in-8, dont un portrait gravé par Delvaux, publiées par Renouard, pour Télémaque. Superbes épreuves avant la lettre, toutes marges.

VILLENEUVE (A Paris, chez)

1116 — Le Triumgueusat, pièce curieuse où sont représentés les empereurs Frédéric et Joseph et le duc de Brunswick, dans une lanterne. Très belle épreuve.

1117 — *Beaumarchais*, petit buste au milieu de nuages fait pour servir de frontispice à sa comédie : *Tarare*. Deux portraits. Belles épreuves.

VINCENT (d'après)

1118 — Ah ! s'il y voyait, par Commarieux, en couleur. Très belle épreuve, marge.

VISSCHER (J. de)

1119 — *Hulst* (A. van der), vice-amiral, in-fol. Très belle épreuve.

VISSCHER (L. et N.)

1120 — *Marie-Thérèse d'Autriche*, reine de France. Deux portraits différents, in-fol., un est double. Trois pièces.

VOUILLEMONT (S.)

1121 — *Toscane* (Julie-Victoire de La Rovere, grande duchesse de), in-fol. Très belle épreuve.

VOYEZ le Jeune

1122 — *Penthièvre* (L.-J.-M. de Bourbon, duc de), d'après Schenau, in-fol. Superbe épreuve avant la lettre.

1123 — Le même portrait. Deux épreuves, dont une avant la lettre.

WATTEAU (Antoine)

1124 — Figures de modes. Suite de sept estampes, dessinées et gravées à l'eau-forte par Watteau ; le titre gravé par Thomassin (R. D., 1 à 7). Très belles épreuves.

1125 — Costumes gravés à l'eau-forte par Watteau. Cinq pièces.

1126 — La Troupe italienne (R. D., 8). Très belle épreuve avec l'adresse de Sirois.

1127 — La même composition, gravée à l'eau-forte par Boucher. Très belle épreuve.

WATTEAU (d'après Ant.)

1128 — L'Accordée de village, par N. de Larmessin. Très belle et rare épreuve à l'état d'eau-forte.

1129 — La même estampe. Très belle épreuve.

1130 — L'Accord parfait, par Baron. Très belle épreuve, marge.

1131 — Les Agréments de l'été, par Joulin. Très belle épreuve, marge.

1132 — Les Agréments de l'été, par de Favanes. Belle épreuve.

1133 — L'Alliance de la Musique et de la Comédie, par J. Moyreau. Très belle épreuve, marge.

1134 — Alte, par J. Moyreau. Très belle épreuve.

1135 — L'Amant écouté, par P. Mercier. Belle épreuve. Rare.

WATTEAU (d'après Ant.)

1136 — L'Amant repoussé. Composition de huit personnages, par P. Mercier. Très belle épreuve. Rare.

1137 — L'Amante inquiète, par Aveline. Belle épreuve.

1138 — L'Amour au théâtre Italien, par C.-N Cochin. Très belle épreuve.

1139 — L'Amour au théâtre Français, par C N. Cochin. Très belle épreuve.

1140 — L'Amour mal accompagné, — Les Enfants de Sylène. Deux pièces gravées par Dupin. Très belles épreuves, marges.

1141 — L'Amour désarmé, par B. Audran. Très belle épreuve.

1142 — Amusements champêtres, par B. Audran. Très belle épreuve, marge.

1143 — Les Amusements de Cythère, par Surugue, — Le Sommeil dangereux, par Liotard. Deux pièces. Très belles épreuves.

1144 — Les Amusements italiens, par Ransonnette. Très belle épreuve.

1145 — Antoine de La Roque, par Lepicié. Très rare épreuve avant toutes lettres, à l'état d'eau-forte.

1146 — La même estampe. Très belle épreuve.

1147 — Assemblée galante, par Lebas. Très rare épreuve avant toutes lettres, non terminée.

1148 — La même estampe. Très belle épreuve.

1149 — L'Avanturière, — L'Enchanteur. Deux pièces faisant pendants gravées par B. Audran. Belles épreuves.

1150 — Le Bain rustique, par Ant. Cardon, — L'Occupation selon l'âge, par Dupuis. Deux pièces. Belles épreuves.

WATTEAU (d'après Ant.)

1151 — Le Bal champêtre. Pièce in-fol, en largeur. Très rare épreuve, non terminée.

1152 — Bon voyage, par B. Audran, — *Belle, n'écoutez rien, Arlequin est un traître*, — *Pour garder l'honneur d'une belle*, par Cochin. Trois pièces. Belles épreuves.

1153 — Le Bosquet de Bacchus, par C. N. Cochin. Très belle épreuve, marge.

1154 — Camp volant, par N. Cochin. Très belle et rare épreuve avant toute lettre, à l'état d'eau-forte, marge.

1155 — La même estampe. Très belle épreuve.

1156 — La Cascade, par G. Scotin. Belle épreuve.

1157 — Les Champs-Elisées, par N. Tardieu, — L'Isle enchantée, par Le Bas. Deux pièces. Belles épreuves.

1158 — Les Charmes de la vie, par Aveline. Très belle épreuve.

1159 — Chasse aux oiseaux, par Caylus. Deux épreuves, dont une très rare à l'état d'eau-forte.

1160 — Le Chat malade, par Liotard. Belle épreuve.

1161 — La Collation, par Moyreau, — *Voulez-vous triompher des belles*, par Thomassin. Deux pièces. Très belles épreuves.

1162 — La Colation, par P. Mercier. Belle épreuve. Rare.

1163 — Le Colin-Maillard, par É. Brion. Très belle épreuve, marge.

1164 — Comédiens italiens, — Comédiens français. Deux pièces faisant pendants gravées par Basan et Liotard. Très belles épreuves, marges.

1165 — Le Compteur, par C. N. Cochin, — Départ pour les Isles, par Dupin. Deux pièces. Très belles épreuves.

WATTEAU (d'après Ant.)

1166 — Le Concert champêtre, par B. Audran. Très belle épreuve.

1167 — Le Conteur, par B. Audran. — Paysage, par de Rochefort. Deux pièces.

1168 — La Contredanse, par Brion. Très belle épreuve, marge.

1169 — La Conversation, par Liotard. Très belle épreuve.

1170 — La Danse paysanne, par B. Audran. Très belle épreuve, marge.

1171 — Le Danseur aux castagnettes, par P. Mercier. Belle épreuve.

1172 — Défilé, par Moyreau. Très belle épreuve.

1173 — Départ de garnison, — Promenade sur les remparts. Deux pièces gravées par Aubert et Ravenet. Très belles épreuves.

1174 — Départ des comédiens italiens, par L. Jacob. Très belle épreuve, marge.

1175 — Les deux Cousines, par Baron. Très belle et rare épreuve avant toutes lettres.

1176 — La même estampe. Très belle épreuve, grande marge.

1177 — Diane au bain, par P. Aveline. Très belle et rare épreuve à l'état d'eau-forte.

1178 — La même estampe. Très belle épreuve.

1179 — La Diseuse d'aventure, par Cars. Très rare épreuve avant toutes lettres, à l'état d'eau-forte.

1180 — La même estampe. Très belle épreuve, marge.

1181 — Le Docteur, — La Marmote, — La Villageoise, — La Fileuse. Quatre pièces gravées par Aveline et Audran. Très belles épreuves.

WATTEAU (d'après Ant.)

1182 — L'Embarquement pour Cythère, par Tardieu. Très belle et rare épreuve à l'état d'eau-forte.

1183 — La même estampe. Superbe épreuve, terminée, avant toutes lettres.

1184 — La même estampe. Très belle épreuve.

1185 — Les Enfants de Bacchus, — *Qu'ay-je fait, assassins maudits*. Deux pièces gravées par Fessart et Caylus. Très belles épreuves.

1186 — L'Enlèvement d'Europe, par Aveline. Superbe et très rare épreuve avant toutes lettres.

1187 — L'Enlèvement d'Europe, par P. Aveline. Très belle épreuve, marge.

1188 — L'Enseigne, par Aveline. Superbe épreuve.

1189 — Les Entretiens badins, par B. Audran, — L'Emploi du bel âge, par Aveline. Deux pièces. Belles épreuves.

1190 — Escorte d'équipages, par Cars. Très belle et rare épreuve à l'état d'eau-forte.

1191 — La même estampe. Très belle épreuve.

1192 — La Famille, par P. Aveline. Très belle épreuve, marge.

1193 — Les Fatigues de la guerre, par Scotin, — Les Délassements de la guerre, par Crépy, — Recrue allant joindre le régiment, par Thomassin, — Détachement faisant halte, par C. N. Cochin. Quatre pièces. Très belles épreuves.

1194 — Fêtes au dieu Pan, par M. Aubert. Très belle épreuve, marge.

1195 — Fêtes vénitiennes, par L. Cars. Très belle et rare épreuve avant toutes lettres, à l'état d'eau-forte, marge.

1196 — La même estampe. Très belle épreuve.

WATTEAU (d'après Ant.)

1197 — La Finette, — L'Indifférent. Deux pièces faisant pendants, gravées par Audran et Scotin. Très belles épreuves.

1198 — La Game d'amour, par Le Bas. Très belle épreuve, marge.

1199 — Harlequin jaloux, par Chédel. Très belle éprenve.

1200 — *Heureux âge, âge d'or...*, — *Iris c'est de bonne heure avoir l'air à la Danse*. Deux pièces gravées par Tardieu. Très belles épreuves.

1201 — L'île de Cythère, par N. de Larmessin. Très belle épreuve.

1202 — La même composition gravée par P. Mercier. Très belle épreuve.

1203 — Les Jaloux, par G. Scotin. Très belle épreuve.

1204 — Monsieur de Julienne, jouant du violoncelle près de Watteau, par Tardieu. Très belle épreuve.

1205 — Leçon d'Amour, par Dupuis, — Entretiens amoureux, par Liotard. Deux pièces. Très belles épreuves.

1206 — Le Lorgneur, — La Lorgneuse. Deux pièces gravées par Scotin. Très belles épreuves.

1207 — Louis XIV mettant le cordon bleu à Mgr le duc de Bourgogne, par N. de Larmessin. Très belle et rare épreuve avant toutes lettres.

1208 — La même estampe. Très belle épreuve.

1209 — La Mariée de village, par C.-N. Cochin. Très belle et rare épreuve avant toutes lettres.

1210 — La même estampe. Très belle épreuve.

1211 — La Musette, par Moyreau. Très belle épreuve.

1212 — *Par la tendresse et par les soins*, — Le Galant Jardinier, par de Favannes, — Le Qu'en dira-t-on, par Crepy. Trois pièces. Très belles épreuves.

WATTEAU (d'après Ant.)

1213 — La Partie quarrée, par J. Moyreau, — Le Passe temps, par B. Audran. Deux pièces. Belles épreuves.

1214 — Le Pénitent, — Tobie faisant enterrer les morts. Deux pièces gravées par Filleul et Huquier. Belles épreuves.

1215 — La Perspective, par Crepy. Très belle épreuve.

1216 — Pierrot content, par E. Jeaurat. Très belle épreuve.

1217 — Pillement d'un village par l'ennemi, — La Revanche des Païsans. Deux pièces gravées par Baron. Belles épreuves.

1218 — Les Plaisirs de l'Été, par Picot. Bonne épreuve.

1219 — Le Plaisir pastoral, par N. Tardieu. Belle épreuve.

1220 — La même composition, gravée par Caylus. Belle épreuve.

1221 — Les Plaisirs du Bal, par Scotin. Très belle épreuve.

1222 — La Pollonnoise, — La Rêveuse. Deux pièces, par Aubert et Aveline. Belles épreuves.

1223 — Pomone, par Boucher, — Acis et Galathée, par Caylus. Deux pièces. Belles épreuves.

1224 — *Pour vous prouver que cette belle,* — *Du bel âge où les jeux remplissent vos désirs,* — *Arlequin, Pierrot et Scapin,* — ***Coquettes qui pour voir galants au rendez-vous.*** Quatre pièces gravées par Moyreau, Surugue et Thomassin. Très belles épreuves.

1225 — La Proposition embarrassante, par Tardieu, — L'Indiscret, par Aubert. Deux pièces. Très belles épreuves.

1226 — Récréation italienne, par Aveline. Très belle épreuve.

1227 — Rendez-vous de chasse, par Aubert. Très belle épreuve, marge.

1228 — Le Rendez-vous, par B. Audran, — Sous un habit de Mezetin, par Thomassin. Deux pièces. Belles épreuves.

WATTEAU (d'après Ant.)

1229 — Le Rendez-vous comique, par Janinet, en couleur. Très belle épreuve.

1230 — Le Repas de campagne, par Desplaces. Superbe et très rare épreuve avant toutes lettres, marge.

1231 — La même estampe. Très belle épreuve, marge.

1232 — Retour de campagne, par N. Cochin. Superbe et très rare épreuve avant toutes lettres, à l'état d'eau-forte.

1233 — La même estampe. Très belle épreuve.

1234 — Retour de Guinguette, — L'Abreuvoir, — Le Marais. Trois pièces gravées par Chedel et Jacob. Très belles épreuves, marges.

1235 — Retour de chasse, par B. Audran. Très belle épreu[illegible]

1236 — La Ruine, par Baquoy, — La Chute d'ea[illegible] Moyreau. Deux pièces. Belles épreuves.

1237 — La Sainte famille, par Jeanne Renard du Bosc. Très belle épreuve, marge.

1238 — Les Saisons. Suite de quatre pièces en largeur, gravées par Brillon, Moyreau, J. Audran et N. de Larmessin. Très belles épreuves.

1239 — Les Saisons. Suite de quatre pièces en hauteur, gravées par Desplaces, J.-M. Renard du Bosc, Faissar et J. Audran. Très belles épreuves, marges.

1240 — La Sculpture, — La Peinture. Deux pièces faisant pendants, gravées par Desplaces. Belles épreuves.

1241 — La Sérénade italienne, par G. Scotin. Très belle épreuve.

1242 — Spectacle français, par Dupin. Belle épreuve.

1243 — La Sultane, — Mezetin. Deux pièces gravées par B. Audran. Très belles épreuves, toutes marges.

1244 — La Surprise, par B. Audran. Très belle épreuve.

WATTEAU (d'après Ant.)

1245 — La Toilette, par P. Mercier. Très belle épreuve d'une pièce rare.

1246 — Le Triomphe de Cérès, par Crépy. Très belle épreuve, marge.

1247 — La Troupe italienne en vacance, par P. Mercier. Très belle épreuve. Rare.

1248 — Vénus sur les eaux, par P. Mercier. Très belle épreuve. Rare.

ARABESQUES

1249 — Feste Bacchique, — La Balenceuse, — Partie de chasse, — Le May. Suite de quatre pièces gravées par Moyreau, Le Bas, Scotin et Aveline. Superbes épreuves.

[illegible] — [illegible]rlequin et Colombine, — Les enfants de Momus, — [illegible]oltigeuse. Trois pièces gravées par Moyreau et Huquier. Belles épreuves.

1251 — Le Buveur, — La Chasseuse, — Les Oiseleurs, — Les Plaisirs de la jeunesse, — Le Repos des pèlerins, — L'Innocent badinage, — Le Jardinier fidèle, — Le Berger empressé, — Vénus sur les eaux. Suite de dix pièces gravées par Huquier. Très belles épreuves.

1252 — Le Chasseur content, — Le Duo champêtre, — La Favorite de Flore, — L'Amusement. Quatre pièces gravées par Huquier et Moyreau. Très belles épreuves.

1253 — La Coquette, — L'Heureuse rencontre, — Le Repos gracieux, — Le Présent champêtre. Quatre pièces gravées par Huquier. Très belles épreuves.

1254 — Écrans. Suite de huit pièces gravées par Huquier. Très belles épreuves.

1255 — Empereur chinois, — Divinité chinoise, etc. Quatre pièces gravées par Huquier. Très belles épreuves.

1256 — L'Enjoleur, — Le Buveur, — La Folie, — Le Frileux, Le Vendangeur, — Bacchus. Suite de six pièces gravées par Aveline et Moyreau. Très belles épreuves.

WATTEAU (d'après Ant.)

1257 — L'Escarpolette, — Les Singes de Mars, — Le Dénicheur de moineaux. Trois pièces gravées par Crepy, Moyreau et Boucher. Belles épreuves.

1258 — Le Galant, — La Déesse, — Le Berceau. Trois pièces gravées par Audran et Huquier. Très belles épreuves.

1259 — L'Heureux moment, — Le Berger content. Deux pièces gravées par Crépy. Belles épreuves.

1260 — Paravent de six feuilles. Six pièces gravées par Crépy. Belles épreuves.

1261 — Les Saisons. Quatre pièces de la suite des arabesques, gravées par Huquier. Très belles épreuves.

1262 — Trois pièces des Saisons, de la suite des arabe[illegible] gravées par Huquier. Très belles épreuves.

1263 — Les Saisons. Suite de quatre pièces gravées par Guyot. Très belles épreuves.

1264 — Le Théâtre, — La Grotte, — L'Air, — La Terre. Quatre pièces gravées par Huquier. Très belles épreuves.

1265 — Le Théâtre, par Huquier. Très belle épreuve du premier état avant un second groupe de personnages dans la partie gauche de la composition.

1266 — Vénus blessée par l'amour, — La Cause badine. Deux pièces gravées par Moyreau et Aveline. Très belles épreuves.

1267 — Arabesque, au milieu, la Plantation d'un may. Pièce rare. Très belle épreuve, sans marge.

1268 — Figures françaises et comiques, nouvellement inventées par Watteau. Six pièces et un titre. Très belles épreuves.

1269 — Suite de figures inventées par Watteau et gravées par son ami C., etc. Trente-six pièces.

WATTEAU (d'après Ant.)

1270 — Habillement des habitants de la province de Houkouan à la Chine, — La Déesse Thvo-Chvu dans l'Isle d'Hainane. Deux pièces gravées par Aubert. Très belles épreuves.

1271 — Habillements de la Chine. Suite de douze pièces, dont nous n'avons que onze, gravées par Jeaurat. Très belles épreuves, marges.

1272 — Costumes chinois, gravés par Boucher. Huit pièces.

1273 — Croquis d'après les dessins de Watteau. Seize pièces, dont cinq gravées à la sanguine ou aux trois crayons.

1274 — The late player, — The comical concert, — The Bathers, etc. Quatre pièces gravées par Du Bosc, Aliamet et J. Pye. Belles épreuves.

1275 — Collation champêtre, — Amusements champêtres, etc. Quatre pièces.

1276 — Sujets tirés des compositions de Watteau, gravés par Varin. Onze pièces en double état, avant et avec la lettre.

1277 — Sujets tirés des compositions de Watteau et publiés en partie par Troude. Trente-quatre pièces.

WATTEAU (d'après L.)?

1278 — Un Baiser ou ta Rose, — Quoi! pas même la main? — Effet de la Ribotte. Trois pièces gravées par Fessard et Bourlier. Belles épreuves.

WATTEAU (d'après L.)

1279 — Confédération des départements du Nord, de la Somme et du Pas-de-Calais, faite à Lille le 14 juillet 1790. Gravé par Helman. Très belle épreuve.

WATTEAU (d'après L.)

1280 — La quatorzième expérience aérostatique de M. Blanchard, accompagné du chevalier Lepinard, faite à Lille en Flandre le 26 août 1785, — Entrée de M. Blanchard et du chevalier Lepinard, cinq jours après leur ascension aérostatique dans la ville de Lille, le 26 août 1785. Deux pièces faisant pendants, gravées par Helman. Belles épreuves, avant la dédicace.

1281 — Le Bal champêtre, — Les Saisons. Cinq pièces. Copies.

WATSON (J.)

1282 — *Boynton* (Mary, lady), d'après Cotes, in-fol. en pied. Très belle épreuve.

1283 — *Cleveland* (Barbara, duchesse de), d'après P. Lely, in-fol. en manière noire. Très belle épreuve.

1284 — *Crevve* (M[rs]), d'après Gardner, in-4. Très belle épreuve.

1285 — Rubens et sa famille, d'après Jordaëns, in-fol. en manière noire. Très belle épreuve

1286 — *Lady Whitmore*, d'après P. Lely, in-fol. en manière noire. Très belle épreuve.

WILLE (J.-G.)

1287 — *Frédéric II*, roi de Prusse, d'après Pesne, in-fol. Très belle épreuve.

1288 — *Louis XV*, d'après J.-B. Le Moyne, in-fol. Belle épreuve.

1289 — *Marigny* (Abel-François Poisson, marquis de), d'après Tocqué, in-fol. Très belle épreuve, marge.

1290 — *Saxe* (Maurice de), maréchal de France, d'après Rigaud, in-fol. Très belle épreuve.

WILLE (d'après P.-A.)

1291 — Le Patriotisme français, — La Double récompense du mérite. Deux pièces faisant pendants, gravées par Avril. Très belles épreuves.

ZECHENDER DE GUERZENSÉE

1292 — Vue du Pont-Neuf, prise de la place Dauphine, en couleur. Très rare.

ZECCHIN

1293 — *Le Clerc*, adjudant-général de l'armée française en Italie, d'après Boldrini, in-fol. équestre. Belle épreuve, marge.

LIVRES

1294 — **Description de l'Égypte**, ou Recueil des observations et des recherches qui ont été faites en Égypte pendant l'expédition de l'armée française, publiée par les ordres de Sa Majesté l'Empereur Napoléon le Grand. A Paris, de l'Imprimerie impériale, 1809. 14 vol. in-fol. de planches. 9 vol. in-fol. de texte, demi-rel.

1295 — **Tortebat**. Abrégé d'Anatomie accommodé aux arts de peinture et de sculpture... mis en lumière, par François Tortebat, peintre du Roy... A Paris, 1668. 1 vol. in-fol. vélin.

SUPPLÉMENT

BOREL (d'après)

1296 — Le Voilà fait, — L'Innocence en Danger. Deux pièces faisant pendants, gravées par Huot. Très belles épreuves.

BOSIO (D.)

1297 — La Comète, en couleur. Belle épreuve.

CALLOT (Jacques)

1298 — Les Martyrs du Japon, — La Noblesse, — Le Combat à la barrière, etc. Onze pièces.

CARICATURES

1299 — Le Suprême bon ton, — Musée grotesque, etc. Onze pièces.

CATHELIN (L.-J.)

1300 — Louis XV en pied et manteau royal, d'après L.-M. Vanloo. Très belle épreuve, marge.

DEBUCOURT (P.-L.)

1301 — Promenade au bois de Vincennes, en couleur. Superbe épreuve, marge.

1302 — La Marchande de saucisses, — Militaires anglais, — Artilleur anglais, — Houssard anglais, — Uhlan prussien. Cinq pièces en couleur, d'après Vernet. Très belles épreuves.

1303 — Costumes polonais, 1817. Suite de vingt-neuf pièces en couleur, d'après Norblin. Très belles épreuves.

DELAUNE (Étienne)

1304 — Sujets de l'ancien testament, — Les Arts libéraux. Douze pièces. Très belles épreuves.

DESRAIS (d'après)

1305 — *Viala* (Agricole), gravé par Pitou, in-4 en couleur. Très belle épreuve.

ÉCOLE FRANÇAISE

1306 — La France témoigne son affection à la ville de Liége, — Paysanne des environs de Lucques, — La Place Maubert, — La Guinguette. Quatre pièces, d'après Cochin, Greuze, Jeaurat et Gabriel de Saint-Aubin. Belles épreuves.

1307 — Sujets satiriques et révolutionnaires. Treize pièces.

LANCRET (d'après)

1308 — Le Moulin de Quinquengrogne, par Elizabeth Cousinet. Très belle épreuve, marge.

PRUNEAU (N.)

1309 — *Levasseur* (Mlle Rosalie), de l'Académie royale de musique, in-4. Très belle épreuve, marge.

RIGAUD (J.)

1310 — Réception des Chevaliers de l'ordre du Saint-Esprit dans la chapelle de Versailles, lors de la grande promotion du 3 juin 1724. Très belle épreuve.

RÉVOLUTION

1311 — Le Départ de l'Ambassade anglaise, — Bombardement de tous les trônes de l'Europe, — Les Rois, — Le Convoi de la Royauté. Quatre pièces. Belles épreuves.

SCHENKER

1312 — Bonaparte, représenté à cheval, d'après C. Vernet, in-fol. en couleur. Très belle épreuve, marge.

1313 — Belmont (Mme), dans le rôle de Fanchon la Vielleuse, d'après De la Place. Très belle épreuve avant la lettre, en couleur.

SILVESTRE (I.)

1314 — Jardin des Plantes (111, 1 et 2), — Maison du Faubourg-Saint-Germain (121), — Pont-Neuf (130, 2 et 3). Cinq pièces.

1315 — Les Porcherons (135). Très rare.

1316 — Pont Saint-Landry (133), — Porte Saint-Bernard (136, 3), — Porte Saint-Denis (138), — Quai de Gesvre (141), — Rambouillet (143), — Pont Saint-Michel (154), — La Savonnerie (156), — Titre (323). Huit pièces. Très belles épreuves.

1317 — Arcueil (167, 1), — Avignon (170, 3), — Lyon (234, 42), — Madrid, près Paris (236, 1 et 2), — Manthe (240), Marlou (243, 3), — Longchamp (231), — Montmartre (257), — Notre-Dame de l'Isle (265, 1 et 2), — Noisy-le-Sec (267). Douze pièces.

1318 — Nuict (368), — Orange (269), — Quincy en Champagne (278, 1), — La Roche-Guyon (283), — Roche-Taillée (284), — Saint-Denis (290, 2 et 4), — Saint-Florentin (291), — Saint-Joyre (293), — Saint-Maur (294), — Semur (300), — Sens (301). Douze pièces.

1319 — Tanlay (303, 1 à 6). Suite de six pièces.

1320 — Tanlay (303, 7 à 15). Neuf pièces.

1321 — Tonnerre (306, 2, 3, 10), — Tournus (308), — Trevoux (309), — Valery (310), — Venteuil (312), — Verderone (313), — Le Verger en Anjou (315. Neuf pièces.

SILVESTRE (I.)

1322 — Versailles (317, 1, 11, 25). — Villeroy (319, 1 et 2). — Vincennes (320, 3 et 4). Huit pièces.

1323 — Vues d'Italie. Cinquante-trois pièces. Très belles épreuves.

SLODTZ (d'après)

1324 — Bal du May donné à Versailles pendant le carnaval de l'année 1763, sous les ordres de M. le duc de Duras... et ordonné par M. de Laferté. Deux épreuves, dont une coloriée.

SMITH (J.-R.)

1325 — The Promenade at Carliste House. Superbe épreuve avant la lettre (lettres tracées), avec une petite marge.

VERNET (d'après C. et H.)

1326 — Recueil de chevaux de tous genres, dessinés par Carle et Horace Vernet, et gravés par Levachez. Suite de quarante-huit pièces en couleur, reliées en 1 vol. in-fol. oblong, cartonné.

1327 — Sous ce numéro, il sera vendu par lots, environ vingt-cinq mille estampes, portraits, topographie de France et d'Europe, paysages, etc., etc.

Paris. — Typ. Pillet et Dumoulin, 5, rue des Grands-Augustins.

www.ingramcontent.com/pod-product-compliance
Ingram Content Group UK Ltd.
Pitfield, Milton Keynes, MK11 3LW, UK
UKHW020235220726
13923UKWH00002B/662